Heinz-Dieter Heimann

DIE HABSBURGER

Dynastie und Kaiserreiche

Verlag C. H. Beck

Mit 8 Abbildungen

Die Deutsche Bibliothek – CIP-Einheitsaufnahme

Heimann, Heinz-Dieter:
Die Habsburger : Dynastie und Kaiserreiche /
Heinz-Dieter Heimann. – Orig.-Ausg. – München :
Beck, 2001
   (C.H. Beck Wissen in der Beck'schen Reihe ; 2154)
   ISBN 3 406 44754 6

Originalausgabe
ISBN 3 406 44754 6

Umschlagabbildung: Habsburger-Wappen
Gestaltung: Anex & Roth, Allschwil. © GeschichtsWerkStätte, Basel
Online-Ausstellung: *www.habsburg.net*
Umschlagentwurf von Uwe Göbel, München
© Verlag C.H. Beck oHG, München 2001
Satz: Fotosatz Reinhard Amann, Aichstetten
Druck und Bindung: Druckerei C.H. Beck, Nördlingen
Printed in Germany

www.beck.de

Inhalt

Vorwort

Die Habsburger – ihr Name wurde zum Programm. Er steht für Kaisertum und Altes Reich, Österreich und Donaumonarchie, Autorität und Übernationalität. Leicht verbindet man mit solchen Vorstellungen auch „sprechende" Namen der Dynastie, wie Kaiser Maximilian, „der letzte Ritter", Kaiser Karl V., „in dessen Reich die Sonne nicht unterging" oder Maria Theresia, die legendäre Landesmutter mit dem Silbertaler, und „Sisi", die uns heute mehr denn je in Filmen und Musicals begegnet. Beinahe wie selbstverständlich rufen wir so eine zweifellos außergewöhnliche Geschichte einer einzigen Dynastie auf, die vom Mittelalter bis ins 20. Jahrhundert währte. Sie erscheint als eine fast ‚unendliche Geschichte' und eine nahezu allgegenwärtige, denn die Spuren der Dynastie gehören zur Signatur eines ganzen Kontinents, des „alten" Europa. Man begegnet ihr von Madeira bis Galizien und von Belgien bis Dalmatien.

Die Habsburger stehen in einem kaleidoskopartigen, facettenreichen Zentrum der europäischen, monarchisch geprägten Adelsgeschichte, in der sie im jahrhundertelang behaupteten Kaisertum die übrigen Königsdynastien überragten und übernational einen vielgliedrigen Länderverband zusammenführten und lenkten. Die Geschichte dieser Dynastie ist die ihrer Integrationsleistung, sei es für das Alte Reich, sei es für die Donaumonarchie; daraus erklärt sich der Untertitel dieses Buches.

Wie wurde aus der Grafenfamilie eine Königsdynastie? Welches ‚staatliche' Regelwerk verband sie und das mittelalterliche Heilige Römische Reich? Ermöglichten die sprichwörtlich bekannten glücklichen Ehen oder doch eher die Kriege und Koalitionen ihren Aufstieg zur europäischen Großmacht? Wie konnte diese Familie als Dynastie so viele Jahrhunderte überdauern? Und warum begleitet uns die Geschichte der im Ersten Weltkrieg untergegangenen Habsburger Monarchie in der Diskussion über eine angemessene politische Ordnung des modernen Europa bis heute?

Eingebettet in den politischen, verfassungs- und kulturge-schichtlichen Wandel des „alten" Europa, wurde derartigen Fra-gen für diese Darstellung auf der Grundlage der zeitgenössi-schen Forschungsliteratur nachgegangen. Im Ergebnis liegt eine kompakte und zugleich aus verschiedenen Perspektiven erarbei-tete Geschichte der Habsburger über fast 800 Jahre vor. Dafür findet sich aufs ganze gesehen hier – überspitzt gesagt – kein „royalistisches" Bild der Vergangenheit. Im Mittelpunkt der Darstellung steht die Dynastie, weil sie einerseits machtvoll die Verfassungsentwicklung des Reiches prägte, andererseits selbst als Katalysator für Staatenbildungen wirkte. Freilich veränderte sie sich auch selbst während dieses Jahrhunderte andauernden Prozesses vom Hochmittelalter bis zum Ende des Alten Reiches (1803/1806) und erst recht wiederum bis zum Untergang der Donaumonarchie 1918, als sie endgültig ihre traditionsreiche und traditionsverbundene Rolle verlor. So ist also eine kleine Fa-miliengeschichte entstanden, die den Gang der Ereignisse mal aus der Binnenperspektive der Familie, mal von außen verfolgt; die dabei vorgenommenen Gewichtungen, Wertungen und Per-spektivenwechsel sind nicht zuletzt dem vorgegebenen knappen Umfang des Büchleins geschuldet, der deutliche Akzentsetzun-gen auch dort verlangte, wo man gerne ausführlicher argumen-tiert hätte.

Der Weg der Habsburger führt aus kleinterritorialen Verhält-nissen der Grafen von Habsburg am Oberrhein über das rö-misch-deutsche Königtum nach Österreich, nach Böhmen, Un-garn und Italien, dann nach Burgund und Spanien, von wo aus sich der gesamte Mittelmeerraum erschließt, und – zumal unter den spanischen Habsburgern – weiter in die transatlantische Welt. Die Habsburger sind mehr als nur Repräsentanten der großmächtigen österreichisch-ungarischen Donaumonarchie gewesen. Vielfältig zeigt sich diese Familie als Mittelpunkt eines Länderkonglomerats, in dem die Dynastie im Zentrum von Netzwerken verschiedener kultureller Bezüge und Einflüsse steht, insbesondere burgundischer und spanischer. In ihren Rei-chen überschnitten sich die Kulturkreise des Orients und des Okzidents: Vielheit in Einheit traf aufeinander ebenso wie Regionales in Übernationalem. Die Habsburger Monarchie ging mit dem Ende des Ersten Weltkrieges unter. Ihren Spuren aber begegnet man bis heute noch in vielen Teilen Europas. Geschichte und Mythos der Habsburger bleiben wohl stets Teil der Gegenwart.

Potsdam, im Juni 2001   *Heinz-Dieter Heimann*

I. Die Habsburger
im Maßstab europäischer Dynastien

Dynastien überall – noch heute erscheint Europa nicht zuletzt als ein Europa der Monarchien. In Großbritannien, Dänemark, Norwegen, Schweden, Belgien und in den Niederlanden, seit 1975 auch wieder in Spanien, sind die Monarchien Teil der demokratischen Verfassungsformen maßgeblicher europäischer Staaten. Königshäuser, Adelsfamilien mit königlicher Macht und monarchischer Tradition gehören seit dem Mittelalter zur Geschichte der europäischen Reiche und Staaten. Sie erweisen sich damit als verfassungshistorische Phänomene von erstaunlicher Wandlungsfähigkeit, deren Endzeit nicht absehbar ist. Die Bedeutung der Dynastien insbesondere für die ältere europäische Geschichte liegt damit auf der Hand; sie zeigen sich als staatsbildende Faktoren mit historisch unterschiedlichen Reichweiten.

Die Habsburger nehmen im Kreis der europäischen Dynastien einen besonderen Rang ein, auch wenn ihre Mitglieder heute keine Krone mehr tragen: 1918 verlor die habsburgische Dynastie ihre Herrschaft in Österreich-Ungarn. Nahezu gleichzeitig mit ihnen mußten die Hohenzollern und Romanows ebenfalls ihre Herrschaft aufgeben. Das Ende dreier Kaiser im Deutschen Reich, in Rußland und in Österreich-Ungarn markiert in der europäischen Geschichte unverkennbar eine Zäsur. Überhaupt sah kein Jahrhundert zuvor so viele Könige stürzen wie das 20. Jahrhundert. Erst in dieser Zeit wurden im Gefolge zweier Weltkriege vielfach jene älteren Staatsformen ersetzt, die an den geburtsständischen Vorrang, das Gottesgnadentum und die absolute Monarchie gebunden waren. Kaum ein anderer Sachverhalt zeigt den Epochenbruch so deutlich. Für die Habsburger ist dieses Epochenende auf den 11. November 1918 zu datieren, als der österreichische Kaiser Karl I. auf jeden Anteil an den Regierungsgeschäften verzichtete. Der folgende Tag gilt als Gründungstag der Österreichischen Republik. Am 23. Mai 1919 verließ die ehemalige Kaiserfamilie auf Wunsch der neuen österreichischen Regierung das Land, nachdem die Nationalversammlung am 3. April im sogenannten Habsburggesetz die Aufhebung aller Herrschaftsrechte und sonstigen Vorrechte des Hauses Habsburg-Lothringen in Deutschösterreich für alle Zeiten beschlossen hatte. Als Könige von Ungarn verloren die Habsburger per Gesetz der ungarischen Nationalversammlung vom 6. November 1921 den Thron. Mit dem Untergang der ehemals großmächtigen Donaumonarchie löste sich auch die bisherige kaiserliche Familie auf. Deren eher privat- als staatsrechtliches Verhältnis zur Republik Österreich blieb noch bis ins letzte Viertel des 20. Jahrhunderts belastet.

Die Habsburger hatten über Generationen hinweg eine multinationale Herrschaft über verschiedene europäische Länder errichtet und ein Großreich geschaffen, das von der Dynastie zusammengeführt und zusammengehalten wurde. Sie regierten als Kaiser und Könige trotz vieler Krisen, innerer und äußerer Konflikte ihr Reich beinahe 700 Jahre lang; ihre Herrschaft begann im Mittelalter und endete im 20. Jahrhundert. Die dynastische Kontinuität ist der augenfälligste Ausweis ihrer Exklusivität als Adelsfamilie. Aus dieser Kontinuität folgte die dauerhafte Bindung der Familie an das König- und Kaisertum, das der Dynastie einen besonderen Rang im Kreis der europäischen Dynastien verlieh.

Die Geschichte der Königsfamilie beginnt in der Nachfolge der berühmten Staufer-Dynastie im Mittelalter. 1273 erlangte mit Rudolf I. erstmals ein Mitglied dieses Grafengeschlechts die Königskrone im Heiligen Römischen Reich. 1282 erreichten die Habsburger die Herrschaft im damaligen Herzogtum Österreich, die sie dort kontinuierlich bis 1918 ausübten. Seit 1438 bis zur Aufhebung des Heiligen Römischen Reiches deutscher Nation 1803/1806, in der Forschung auch das Alte Reich genannt, stellte die Habsburger Dynastie fast ununterbrochen durch die Jahrhunderte den Kaiser.

Dem Kaisertum des Alten Reiches folgte das österreichische Erbkaisertum. Noch vor Niederlegung der römischen Kaiserkrone nahm Kaiser Franz II. 1804 für seine unmittelbaren Herrschaftsgebiete den Titel *Kaiser von Österreich* an; aus Franz II.

wurde Franz I. Noch einmal konnten die Habsburger in der politischen Neuordnung Europas und der deutschen Fürstenstaaten des frühen 19. Jahrhunderts ihren Vorrang behaupten. Denn mit der Habsburger Dynastie verband sich die Kontinuität der traditionell aristokratischen Ordnung und das fortdauernde besondere Verhältnis zwischen Österreich und den Nachfolgestaaten des Alten Reiches im Deutschen Bund bis in die Mitte des 19. Jahrhunderts. In der dann begründeten Doppelmonarchie Österreich-Ungarn bildete vornehmlich die Dynastie die intergrative Klammer zweier Staaten, weshalb keine andere Großmacht in Europa bis dahin so mit dem Herrscherhaus identifiziert wurde. Hier trug – so heißt es 1913 in der ÖSTERREICHISCHEN RUNDSCHAU – nicht wie anderwärts der Staat die Dynastie, sondern die Dynastie den Staat.

In der Statistik europäischer Dynastien und Monarchien behaupteten die Habsburger im Vergleich mit den Bourbonen in Frankreich oder mit den Stuarts in England am längsten die Königswürde. In der 370-jährigen, vom 15. Jahrhundert beinahe bis ins frühe 19. Jahrhundert fortwährenden Regentschaft stellten die Habsburger 21 deutsche Könige und römische Kaiser; und damit fast so viele wie alle anderen Dynastien zusammen, die im Alten Reich je die Königswürde erlangt hatten. Addiert man schließlich die Phasen der Regentschaft im Reich und in Österreich von 1282 bis 1918, so ergibt sich eine bald siebenhundertjährige Herrschaft der habsburgischen Dynastie. Zudem unterstreichen ihre Regentschaften als böhmische (erstmals 1438), ungarische (erstmals 1526), spanische (erstmals 1516) und lombardische (erstmals 1815) Könige – neben anderen und auch gescheiterten Regentschaften ihrer Nebenlinien – die europäische Vielfältigkeit bei gleichzeitiger Einheit der Dynastie. In Begründung und Gestaltung verstanden sich die Habsburger ausdrücklich als „Haus Österreich", was in verschiedenen europäischen Sprachen Eingang fand, in Spanien etwa als „Casa de Austria". Ihre supranationale Vernetzung machte die Habsburger am Ende des Mittelalters zur europäischen „Großdynastie" (P. Moraw).

Familienname und Herrschaftsdauer verweisen auf das auffälligste Merkmal jeder Adelsherrschaft: ihre genealogische Dauer. Folglich ist auch die Gewährleistung geregelter Erbnachfolge das Hauptanliegen jeder Dynastie. Die Habsburger waren darin letztlich sehr erfolgreich. Selbst existentielle Krisen zu Beginn des 18. Jahrhunderts überstand die Dynastie. Hinzukam zudem, daß die Habsburger ihren eigentlich wenig prestigeträchtigen Familiennamen ablösten durch Identifizierung mit ihrer Herrschaft als Haus Österreich und unter dieser Vorgabe trotz wiederholt eingerichteter Teilungen den Vorrang des Gesamthauses respektierten.

Durchschnittlich regierte ein habsburgischer Herrscher mehr als 26 Jahre, was angesichts der demographischen Gesamtentwicklung bemerkenswert ist. Einen Spitzenplatz in dieser Statistik nimmt mit 68 Regierungsjahren der österreichische Kaiser Franz Joseph I. (1848–1916) ein. Ihm folgen Kaiser Friedrich III. (1440–1493) und schließlich Kaiser Leopold I. (1658–1705). Kurze Regentschaften sind eher selten: König Albrecht II. regierte gerade einmal zwei Jahre (1438–1439), ebenso Kaiser Leopold II. (1790–1792). Die beeindruckende Kontinuität der Familie hatte freilich auch ihre Schwächen. Gemessen an den Erbfolgeregelungen des europäischen Hochadels starb das Haus Habsburg eigentlich in männlicher Linie mit Kaiser Karl VI. 1740 aus. Was nicht sein durfte, führte zur sogenannten *Pragmatischen Sanction*, einer staatsrechtlichen Bestimmung, nach der die weibliche Erbfolge die dynastische Fortdauer sichern sollte. Das Haus Habsburg-Lothringen wurde begründet. Die *Pragmatische Sanction* war bis ins frühe 20. Jahrhundert für die österreichischen Länder wichtigstes Grundgesetz und Teil der Staatsverfassungen.

Solcher Kontinuität der Dynastie stehen immer wieder Angriffe auf Leib und Leben ihrer Mitglieder gegenüber. König Albrecht I. wurde am 1. Mai 1308 in Königsfelden bei Bruck an der Aar von seinem Neffen wegen des vorenthaltenen Erbes ermordet. Im Zuge der Französischen Revolution wurde 1793 die französische Königin Marie-Antoinette, Tochter Kaiser Franz I. Stephans und Maria Theresias, nach einem förmlichen Verfahren zum Tode verurteilt und guillotiniert. Am 19. Juni 1867 wurde Kaiser Maximilian I. im fernen Mexiko von Revolutionstruppen hingerichtet. Der vermutlich depressive Erzherzog Rudolf schied am 30. Januar 1889 in Mayerling zusammen mit Mary Freiin von Vetserar aus dem Leben – Mord und Selbstmord. Am 10. September 1898 verübte ein italienischer Anarchist ein Attentat auf die Kaiserin Elisabeth, „Sisi", die an den Folgen der Stichwunde innerlich verblutete. Am 28. Juni 1914 schließlich wurden Erzherzog Franz Ferdinand und seine Gemahlin Sophie-Josephine in Sarajewo ermordet. Dieses Attentat wurde zum Anlaß für den Ersten Weltkrieg und forderte die Habsburger Monarchie um den greisen Kaiser Franz Joseph in dynastischer Hinsicht heraus. Solche Anschläge lassen die bisweilen sogar gewaltbereite Ablehnung des Kaiserhauses in seinen verschiedenen Herrschaftsgebieten erkennen – auch wenn solch blutiger Antipathie auf der anderen Seite durchaus Sympathien gegenüber standen, die das Kaiserhaus gleichfalls erfuhr: Die Pressefotos von der Beisetzung Kaiser Franz Joseph I. am 30. November 1916 sind dafür nur ein letzter Beweis.

Will man die Statistik der Dynastien im europäischen Vergleich weiter bemühen, so stellt man fest, daß von König Rudolf I. im 13. Jahrhundert an bis zu den am Anfang des 20. Jahrhunderts geborenen Habsburgern gerechnet, ca. 400 Personen, männliche und weibliche sowie angeheiratete, das Erwachsenenalter erreichten. Weniger als 10 % von ihnen waren Könige und Kaiser, und nur wenig mehr als 10 % von ihnen regierten als Landesfürsten. Aber die Geschichte der Familie ist auch mehr als nur die Geschichte ihrer Regenten. Verschiedene Teilungen der Familie in einzelne Linien im 14., 16. und 19. Jahrhundert gehören dazu. Sekundo- und Tertiogenituren wurden eingerichtet, Herrschaften der zweiten und dritten Kinder der Familie, die zum Ende hin quasi souverän und unabhängig vom Kaiser in Wien regieren konnten. Das Gesamthaus veränderte sich zuletzt zu einem Konglomerat von in unterschiedlicher Weise miteinander verbundenen Familien, die nicht erst nach 1918 teilweise andere Wege gingen als die Familie des ehemaligen Kaisers. Im Familienstatut von 1839, das dem Kaiser traditionell die absolute Macht über alle Familienmitglieder zuwies, wurde noch einmal versucht, die inzwischen weitläufige Dynastie rechtlich zusammenzuhalten. So wurden zum Beispiel die Mitglieder der vormals selbständigen Linie Habsburg-Lothringen-Toskana nach ihrer Vertreibung aus der Toskana wieder als Erzherzöge von Österreich anerkannt und damit auch dem kaiserlichen Statut unterstellt.

Die Dynastie büßte so erkennbar von Italien über Ungarn bis Belgien als traditioneller staatsbildender Faktor im Zeichen nationalstaatlicher Bewegungen ihre bisherige Funktion und Bedeutung ein. Sie selbst blieb vom Wandel der Gesellschaft, ihrer Verbürgerlichung, nicht unberührt. Das traditionelle adelig-dynastische Leitbild verlor für ihre Mitglieder seine disziplinierende Bindewirkung. Neben dem Beschwören dynastischer Identität und scheinbar unveränderlichem Vorrang der Institution Habsburg, wie sie Kaiser Franz Joseph (1848–1916) behauptete und wie sie vielen Söhnen der Dynastie zumal über militärische Führungsfunktionen anerzogen wurde, verschärften sich in dieser Zeit interne Rivalitäten, woraufhin einzelne Mitglieder für sich ein außerdynastisches Leben suchten, das teilweise zeitgenössischen Abenteuerromanen abgeschaut sein könnte. Man findet Habsburger, die oftmals unter bewußter Ablehnung ihre adeligen Herkunft teils in bürgerlichen Handwerksberufen, teils als Künstler und Spekulanten arbeiteten, teils auch als Revoluzzer und Vagabunden auf fernen Kontinenten ihr Glück suchten. Auf Grund der in dieser Zeit hingenommenen verschiedenen Ehegemeinschaften außerhalb des traditionellen Hausrechts und des Kinderreichtums der Gesamtfamilie blieben die Habsburger auch nach dem Wegfall des Primats der kaiserlichen Familienstatuten mit dem Ende der Monarchie 1918 im weiteren 20. Jahrhundert ein politisch einflußreiches Adelsgeschlecht bzw. eine vielgliedrige bürgerliche Familie.

Gleichwohl, über die Jahrhunderte bieten die Habsburger ein Musterbeispiel einer erfolgreichen dynastischen Familienstrategie. Schaut man in die Genealogien des europäischen Hochadels vom Mittelalter bis zum Ende des Alten Reiches, so kann man – etwas übertrieben – sagen, daß Europa von einer einzigen großen Familie beherrscht wurde, die freilich in verschiedene Linien aufgeteilt war: Auf beinahe jedem europäischen Königsthron finden sich Habsburgerinnen oder Habsburger. Keine andere Dynastie in Europa hat so viele Kronen gesammelt wie dieses Geschlecht. Damit gehört ihre Allgegenwart zum bestimmenden Merkmal der Familie.

Die Omnipräsenz und Dauerhaftigkeit hatte eine weitere Besonderheit zur Folge: Dynastien bilden aus ihrer Macht und ihrer spezifischen Legitimation heraus komplexe Reiche und Staaten, so daß sich danach Epochen gliedern, Verfassungstypen und Baustile benennen lassen. Die Habsburger haben als ihr Integrationsmoment und als Ausweis ihrer Identifikation mit der Herrschaft das Haus Österreich und das Kaisertum ausgestaltet. Beides führte politisch zu einem einzigartigen Herrschaftsmythos, der wiederum ihre Kontinuität bekräftigte. Dieser Mythos lebt bis heute, und man begegnet ihm an vielen Orten Europas, und nicht nur in Wien, Prag, Madrid oder Brüssel.

Die Geschichte der Habsburger Dynastie ist nicht auf einen nationalen Rahmen allein zu begrenzen. Gerade darin unterscheidet sie sich von anderen europäischen Dynastien und Monarchien. Die scheinbar unauflösliche Verknüpfung von deutscher und österreichischer Geschichte in Gestalt zweier Kaiserreiche macht dies ebenso deutlich wie eine Herrschaft, die über Jahrhunderte vielen Völkern eine Einheit gab, die notgedrungen nicht national geprägt war. Übernationalität und Nationalitätenfeindlichkeit zeichnete zumeist ihr Regiment aus, bemessen und geprägt von dem Anspruch des Kaisertums im Heiligen Römischen Reich deutscher Nation. Daraus und aufgrund der konsequenten Bindung an den Katholizismus entwickelten die Habsburger ihr ausgeprägtes Sendungsbewußtsein. Der Glaube an die Auserwähltheit der Dynastie, wie er in ihrer jahrhundertelangen Herrschaft sichtbar wurde, ließ dann für die Habsburger die Selbstvergewisserung ihrer Abkunft zum kulturellen, rechtlichen und politischen Gebot für sie werden und sie eine spezifische Legitimation gewinnen. Daraus wiederum resultierten ihre politischen Programme, und daraus entwickelten die Habsburger umfassende Kulturoffensiven, die in burgundischer und humanistischer, dann in barocker und absolutistischer Formensprache Macht und Mythos stützten.

Mehr noch als kaiserliche Bildprogramme oder ein sogenannter landestypischer Habitus, der freilich mancherlei aus Sentimentalität entstandene Loyalitäten hervorbrachte, nährte der Begräbnis- und Ahnenkult den Mythos. Vielleicht noch mehr als ihre Ehen und ihre imponierenden Residenzen bestimmte das Totengedächnis ihren Mythos. Der Tod der Mächtigen wurde in einzigartiger Weise zur Sache der Dynastie. Ihre Begräbnisstätten – angefangen beim Speyrer, Prager und Wiener Dom über das Innsbrucker und Grazer Mausoleum, das Kloster San Lorenzo de Real de el Escorial bei Madrid, die Lothringer Kapelle in der Basilika von Florenz bis zum burgundischen Kloster Muri – sind dynastiebezogene religiöse Monumente herrschaftsbewußter Sepulkralkultur. Das Zentrum der Familie und Herrschaft verbindenden Memorialkultur wurde die Gruft der Wiener Kapuzinerkirche. Mit diesem Ort verbindet sich ein legendenreicher Begräbnisritus, in dem das habsburgische Gesamthaus als *Monarchia Austriaca* ihre immerwährende Herrschaft bezeugte. Die Monarchie ging unter, doch die Kapuzinerkirche behielt ihre Aura für die ehemalige Kaiserfamilie bei. Hier wurde am 1. April 1989 die letzte Kaiserin von Österreich und Königin von Ungarn, Zita von Bourbon-Parma – nach letztlich überwundenen Konflikten zwischen dem Haus und der Republik Österreich – unter beachtlicher öffentlicher Anteilnahme beigesetzt.

Die Geschichte nährte noch in anderer Weise den Mythos der Dynastie in der Popularität einzelner Regenten. So lebte denn auch die Dynastie seit dem Mittelalter vom Griff in die „eigene" Geschichte. König Rudolf I., Kaiser Maximilian I. und Leopold I. erfuhren als Ahnen bis ins 20. Jahrhundert besondere Würdigungen, daneben Maria Theresia, die im 18. Jahrhundert den legendären Ruf einer Landesmutter gewann. Kaiser Franz Joseph I. und seine Gemahlin Elisabeth wurden selbst Teil dieses Mythos: Der Kaiser repräsentierte in der sich wandelnden Gesellschaft des 19. Jahrhunderts die Fortgeltung alter Ordnung, die er nach seinen eigenen Worten schließlich als Anomalie empfand. Die Kaiserin hingegen beförderte in ihrem Körperkult, ihren Tattoos, ihrer Steckfrisur und Kleidermode, in ihrer Mobilität und Poesie zugleich einen gegen den bisherigen Stil der Dynastie gewendeten Mythos. Die Nostalgie späterer Generationen sollte dann wieder andere Vorstellungen mit „Sisi" verbinden: die Sehnsucht nach höfischem Glück und Glanz, die bis heute von Film- und Freizeitindustrie jenseits von allem historischen Erkenntnisinteresse bedient wird. Der habsburgische Mythos ist zweifellos in vielfältiger Weise Teil unserer Kultur geworden und geblieben. Vielleicht unterscheidet sich diese Dynastie gerade darin von jedem anderen Königshaus in Europa.

So lassen sich die Habsburger schwerlich in museale Schranken weisen. Ihre Geschichte ist in mehrfacher Hinsicht Teil unserer Gegenwart. Wie sehr dies die Menschen empfinden, läßt sich auch an den Besucherzahlen der Wiener Hofburg und der Schatzkammer als Ausstellungsort der Reichsinsignien und habsburgischen Kronen ablesen. Die Habsburger charakterisiert im Maßstab europäischer Dynastien insbesondere ihre überwundene und doch allgegenwärtige und fortwährende Nähe.

Folglich wird die Frage nach einer Erfolgsgeschichte des Hauses stets unterschiedlich und gemäß dem jeweiligen Standpunkt und Horizont des historisch Interessierten beantwortet. Auf jeden Fall ist die Geschichte dieser Dynastie nicht geradlinig verlaufen, und hat gewiß nicht immer erfolgreich zu mehr Kronen und größeren Reichen geführt. Große politische Brüche, menschenmordende Konflikte und Elend in diesem Prozeß dürfen darüber nicht weggeleugnet werden. Die Geschichte der Habsburger Dynastie erweist sich als Teil des Wandels der sie umgebenden politischen und sozialen Ordnung, auch wenn die Repräsentanten der Dynastie diesen Wandel bisweilen nicht wahrhaben wollten.

II. Königliche Dynastie: Aufstieg im mittelalterlichen Heiligen Römischen Reich

1. Herkunft und Stammburg

Die Habsburg steht nicht in Wien, und „Österreicher" waren die Habsburger auch nicht. Der Name des Adelsgeschlechts leitet sich ab von einer Burg im schweizerischen Aargau – heute eher eine Ruine denn eine mächtige Burganlage. Daneben findet sich ein Dorf gleichen Namens zwischen den Flüssen Aare und Reuß. Im 11./12. Jahrhundert, als es im europäischen Adel üblich wurde, den Stammsitz einer Familie zum Leitnamen zu wählen, belegen Schriftquellen erstmals einen „Grafen von Habsburg". Dieser Name geht auf ältere Nennungen der Burganlage zurück: „Habichtsburg".

Es bestehen allerdings Zweifel darüber, ob diese Burg wirklich der älteste Sitz des Geschlechts ist. Denn bereits für das 10. Jahrhundert nennt die freilich erst im 12. Jahrhundert entstandene Gründungsgeschichte des Klosters Muri im Aargau, das die Habsburger später durch besondere Stiftungen förderten, einen „guntramus dives", also Guntram den Reichen, als habsburgischen Ahnherrn. Nun sind Schriftzeugnisse in dieser Frühzeit selten und die genealogischen Nachweise der Adelsfamilien daher lückenhaft. So bleibt es einstweilen auch eine Vermutung, daß der für die Mitte des 10. Jahrhunderts nachgewiesene „Guntram", der unter Kaiser Otto dem Großen wegen Hochverrats mit dem Verlust seiner beträchtlichen Besitzungen bestraft wurde, am Anfang der Adelsfamilie der Habsburger steht. Wenn es sich so verhielte, besäßen die Habsburger schon zeitig Verbindungen zu dem mächtigen Geschlecht der Etichonen, die zu den einflußreichsten Adelsgruppen dieser Jahrhunderte beiderseits des Oberrheins gehörten. Die habsburgische Genealogie begänne also schon vor der ersten Jahrtausendwende. Die Nachweise für die frühen Habsburger werden erst mit dem angesehenen Bischof Werner von Straßburg zu Beginn des 11. Jahrhunderts verläßlicher und eindeutiger, der – wohl weitläufig mit jenem Guntram zu verbinden – das Kloster Muri gründete sowie den Bau der „Habichtsburg" veranlaßte. Erst wiederum ein Jahrhundert später ist 1108 erstmals Otto II. urkundlich als „comes de Hauichburch", also Graf von Habsburg, nachzuweisen. Durch Beerbung vor allem schwäbischer Adelsfamilien dehnten die Habsburger in der Folgezeit ihre Güter weiter aus. Sie gewannen politisch wertvolle Rechte hinzu, insbesondere Grafschaftsrechte, so im Zürichgau, im Aargau und im Thurgau. Weiteren Einfluß gewannen die Habsburger über den Besitz größerer Klostervogteien, wie über

1 Die Habsburg im Aargau.
Miniatur im *Ehrenspiegel des Hauses Österreich*, 1555.

das Benediktinerkloster Murbach im Oberelsaß und ihr späteres Hauskloster Muri. Vor diesem Hintergrund nahmen sie an den politischen Auseinandersetzungen im Reich auf der Seite der staufischen Partei teil, woraus auch ihr engeres Verhältnis zu Kaiser Friedrich II. resultierte. Friedrich verlieh ihnen die Reichsvogtei Uri (1218), womit die Habsburger eine wichtige Kontrollposition über die kurz zuvor eröffnete Straße über den Gotthard erlangten, die sie jedoch nur kurzzeitig behaupten konnten.

1232 teilte sich die Familie in eine ältere und jüngere Linie – letztere wurde die Laufenburger Linie genannt, die 1408/1415 erlosch. Die ältere Linie dagegen blieb bis ins 18. Jahrhundert kontinuierlich bestehen. Aus ihr gingen die nachmaligen Könige und Kaiser des Heiligen Römischen Reiches hervor.

Dynastische Verbindungen entschieden zumeist über weiteren Prestigegewinn unter den Adelsfamilien. Die Habsburger richteten im 13. Jh. ihre Heiratspolitik mit Erfolg auf die Grafenfamilien im oberelsäßischen und schwäbischen Raum aus. Daneben gewannen sie Positionen in der kirchlichen Hierarchie und brachten wiederholt Mitglieder ihrer Famiile in den Domkapiteln von Basel und Straßburg unter. Auf diesen Wegen verfügte die Familie über ein beachtliches Netzwerk politischer Beziehungen zu den verschiedensten Grafenfamilien im oberdeutschen Raum. Sie profitierten territorialpolitisch immer wieder vom Aussterben verwandter Familien, etwa der Kyburger, und zum Teil auch vom Erbe der Zähringer. Schließlich zogen sie aus dem staufischen Erbe in Schwaben weitere beträchtliche Territorialgewinne, so daß Graf Rudolf IV. in der zweiten Hälfte des 13. Jahrhunderts zu den erfolgreichsten Territorialherren im Gebiet zwischen Vogesen und Bodensee zählte. Dank dieser beeindruckenden Voraussetzungen wählten die Großen des Reiches am 1. Oktober 1273 Rudolf zum römisch-deutschen König.

2. Rudolf I.: Königsherrschaft und österreichischer Besitz

Aus Anlaß des 600jährigen Jubiläums der habsburgischen Herrschaft in Österreich 1882 ließ Kaiser Franz Joseph eine Prunkmedaille fertigen, die seinen Ahnherrn Rudolf I. mit der Kaiserkrone darstellt. Tatsächlich erlangte Rudolf weder die Kaiserwürde noch wurde er Landesherr in Österreich. Gleichwohl, er begründete die Herrschaft seines Geschlechts im österreichischen Herzogtum, und sein Königtum markiert in der Geschichte des Reiches eine Zäsur. Nach dem Aussterben der Staufer Dynastie (1250/54) und einer Zeit rivalisierender europäischer Großer um die Nachfolge als deutsche Könige und römische Kaiser setzte die Wahl Rudolfs zum König am 1. Oktober 1273 in Frankfurt am Main den unklaren Verhältnissen ein Ende.

Er und sein Haus waren im Kreis der europäischen Königsgeschlechter zweifellos Neulinge, selbst wenn das Grafengeschlecht der Habsburger im südwestdeutschen Raum zu den führenden Familien gehörte. Rudolf besaß nicht jenes Ansehen, das etwa

König Philipp IV. von Frankreich (1268–1314) oder König Eduard I. von England (1239–1307) in ganz Europa auszeichnete. Aber er trug die Krone eines einzigartigen Reiches, das in der Bindung des Kaisertums an das Papsttum und überhaupt in seinem sakralen Charakter ein Heiliges Römisches Reich darstellte, in dem der Papst den König zum Kaiser salbte und krönte. Die Kirchenhoheit gehörte daher zum wichtigsten Inhalt der mittelalterlichen Kaiserherrschaft. Der Herrschaftsanspruch des Kaisers, in vergangenen Jahrhunderten des Mittelalters entschieden universal genutzt, verengte sich nach dem Scheitern der Staufer auf die Königreiche in Deutschland, Italien und Burgund und blieb verbunden mit dem Schutzauftrag gegenüber der Kirche. Die Königsherrschaft selbst dagegen wurzelte zum einen im Wahlrecht der Großen – seit 1356 festgeschrieben in der sogenannten Goldnen Bulle als das Vorrecht der sieben Kurfürsten – und zum anderen im dynastischen Erbfolgerecht. Als christlicher Herrscher, außerdem legitimiert durch Traditionen selbständiger adeliger Herrschaft, fungierte der König als unverzichtbarer Garant für die Rechtsordnung und den Reichsverband.

Stand Rudolf von Habsburg soweit in der Nachfolge seiner Vorgänger, unterschied er sich von diesen doch wesentlich dadurch, daß die materiellen Grundlagen der Königsherrschaft im Reich vordem fast verloren gegangen waren. Er mußte sich mehr als andere Könige vor ihm auf die Machtmittel der eigenen Familie stützen, um seine Politik im Reich wirksam durchzusetzen. Die moderne Forschung spricht hier von Hausmachtpolitik. Nicht der Maßstab moderner Staatlichkeit, sondern zunächst der Anspruch der königlichen Familie prägte das politische Handeln in den Möglichkeiten, die die Reichsverfassung zuließ. Als eigentypische politische Ordnung gebot sie Formen „konsensualer Herrschaft" (B. Schneidmüller). Die Wahl zum König, dessen Krönung und schließlich die Erhöhung zum Kaiser – Ausweis sakrosankter Autorität und heilsgeschichtlicher Legitimation monarchischer Herrschaft – gehören zu den Hauptmerkmalen der Verfassung des Heiligen Römischen Reiches vom Mittelalter bis zu seinem Ende. In der Handhabung der jeweiligen Königsherrschaft und des Kaisertums durchdrangen sich Reichs-, Verfassungs- und Dynastiegeschichte.

Der Kölner Erzbischof Engelbert krönte gemäß der traditionsreichen Liturgie und Zeremonie Rudolf am 24. Oktober 1273 im Aachener Dom am Grab Karls des Großen mit der Reichskrone. Sie verweist in ihrer achteckigen Grundfigur mit Kreuzbügel, ihren Edelsteinen, Bildern und Aufschriften auf Jesus Christus, den ewigen König, den der gekrönte Herrscher im Diesseits repräsentiert. In der als heilig angesehenen Krone findet der sakrale Charakter der Königsherrschaft seinen höchsten Ausdruck. Deshalb leistete Rudolf vor seiner Krönung den Eid auf das Reichsevangelium und wurde gesalbt, um danach mit den kaiserlichen Pontifikalien (Alba, Dalmatica, Stola) bekleidet zu werden sowie Schwert, Zepter und Apfel als weitere Reichsinsignien entgegenzunehmen. Mit dem öffentlich gesprochenen Krönungseid und anschließender Erhebung des Gekrönten auf den Marmorthron Karls des Großen endete auch Rudolfs Krönung.

Die Habsburger waren Kinder der aristokratisch-monarchischen Adelsherrschaft und Rudolf folgte in der Haus- und Reichspolitik deren Vorgaben. Die Kontinuität des Königtums und die Versuche, königliche Privilegien mit der Landesherrschaft seiner Kinder zu verbinden, wurden zur Maxime seiner Politik. In der jüngeren Forschung wird dieser Wille Rudolfs einerseits als Fortsetzung staufischer Politik, andererseits als Weg pragmatischer Verbindung von Königsherrschaft und adeliger Macht bewertet. Daß Rudolfs Hausmachtpolitik aufging, gründete in der erfolgreichen Auseinandersetzung mit dem ungleich mächtigeren böhmischen König Ottokar. Rudolf verstand es, sich bereits vor seiner Wahl zielstrebig in den Verhandlungen mit den Wählern Handlungsspielräume für seine Königsherrschaft zu verschaffen. Umsichtigkeit zeichnete ihn aus, verbunden mit der Erwartung, Rechtstitel und Ressourcen möglichst wiederzugewinnen, die dem Reich, dem Königtum, zuvor entglitten waren. Eben darüber sollte er mit dem böhmischen König in Konflikt geraten.

Rudolf versuchte seit 1273, die Übernahme des Erbes der 1246 ausgestorbenen Babenberger Herzöge in Österreich durch den

Böhmenkönig zu verhindern, und er setzte dazu reichsrechtliche sowie militärische Mittel erfolgreich ein. 1278 ereilte König Ottokar II. von Böhmen nach der Schlacht bei Dürnkrut im Krieg gegen König Rudolf der Tod auf der Flucht. Aus den gegnerischen Häusern wurden nun Verbündete: Rudolf band die Erben Ottokars durch eine Doppelheirat an seine Familie – ein bewährtes Mittel adeliger Herrschaftspraxis. Dadurch wurde auch der Rechtsfrieden zwischen dem Reich und dem Königreich Böhmen neu begründet. Wenzel II., Ottokars Sohn, heiratete nun Rudolfs Tochter Gutta, und Rudolfs gleichnamiger Sohn heiratete Agnes von Böhmen, die Schwester Wenzels. Ohne daß es die Zeitgenossen ahnen konnten, sollte diese Verbindung den Weg der Habsburger auf den böhmischen Thron ebnen.

Weniger erfolgreich verlief Rudolfs auswärtige Politik gegenüber den Königen von England und Frankreich, deren Einfluß auf die westlichen Reichsgebiete er kaum zurückdrängen konnte. Erfolglos blieb auch sein Bemühen, die Kaiserkrone zu erlangen. Dieser Mißerfolg hat durchaus etwas Tragisches: Über längere Zeit hinweg bildete dieses Vorhaben den Dreh- und Angelpunkt seiner auswärtigen Politik auch gegenüber der englischen Krone, da er seinen Sohn Hartmann mit einer Tochter König Eduards zu verbinden hoffte. Rudolf wollte im Kreis der europäischen Königsdynastien als gleichberechtigt anerkannt werden und über die eigene Kaiserkrönung seinem Sohn den Weg ins Königtum eröffnen, ja möglichst ein erbliches Königtum begründen. Hartmann aber verstarb unerwartet früh, weshalb beide weitreichenden Vorhaben Rudolfs scheiterten.

Erfolgreicher war Rudolf als Territorialherr. Nach dem Tod Ottokars II. setzte er seine Söhne in den rechtlich unstrittigen Besitz des ehemals babenbergischen Herzogtums Österreich ein. In Abstimmung mit den Großen des Reiches konnte der König 1282 seine Söhne Albrecht und Rudolf gemeinsam („zu gesamter Hand") mit Österreich, Steiermark, Krain und der Windischen Mark belehnen. Der territoriale Gewinn trug den Habsburgern zugleich eine bedeutsame Standeserhöhung ein. Aus den Grafen waren Herzöge geworden. Zum Landgewinn kam der beträchtliche Prestigezuwachs für die Familie. Da sich das

Gemeinschaftsregiment seiner Söhne nicht aufrecht erhalten ließ, definierte Rudolf im Wege einer sogenannten Hausordnung die Erbfolge seiner Söhne und bestellte schließlich Albrecht zum alleinigen Regenten. Mit dieser Maßnahme nahmen die Habsburger seit 1282 uneingeschränkt die Herrschaft im Herzogtum Österreich wahr. Jetzt begann eine mehr als 600-jährige Herrschaft der Habsburger in Österreich. König Rudolf und seine Gemahlin Gertrud Anna von Hohenberg wurden zu Stammeltern einer neuen europäischen Königsdynastie, die ihren Herrschaftsmittelpunkt kontinuierlich in Österreich und seinen Nachbarländern fand.

Der Kontinuität in der Landesherrschaft steht der Verlust der Königswürde für das Haus durch den Tod Rudolfs gegenüber. Trotz verschiedener Initiativen gelang es Rudolf nicht, den einzigen seiner überlebenden Söhne, Albrecht, zu seinem Nachfolger im Reich wählen zu lassen. Als Rudolf 1291 in Speyer verstarb und in der Grablege der salischen Kaiser im Speyrer Dom bestattet wurde, nahm Albrecht von Habsburg die Wahl Adolfs von Nassau zum neuen König nur widerwillig hin. Der Besitz der Reichsinsignien verlieh ihm für einen Moment noch eine besondere Rolle. Doch zum wirklichen Opponenten des neuen Königs konnte er erst wenige Jahre später im Verbund mit den geistlichen Königswählern werden. Sie erklärten König Adolf für abgesetzt und wählten am 24. Juni 1298 Albrecht von Habsburg zum neuen Reichsoberhaupt. In der anschließenden Schlacht beider Könige und Parteien verlor Adolf bei Göllheim sein Leben – im Rechtsverständnis der Zeit ein Gottesurteil zugunsten des Habsburgers. Das Königtum Albrechts, gekennzeichnet von reichsinternen Parteikämpfen, gleicht in den Grundlinien dem seines Vaters, allerdings mit dem Unterschied, daß es dem Sohn gelang, der Dynastie tatsächlich eine europäische Ausrichtung zu eröffnen.

Albrecht betrieb zielgerichtet, begünstigt durch die große Kinderzahl, die Verbindung seiner Familie mit europäischen Königshäusern und führenden Adelsfamilien im Reich. 1306 wurde sein Sohn Rudolf III., verheiratet mit der Witwe des letzten Přemyslidenkönigs, als König von Böhmen anerkannt, was ihm das Recht gab, an der römisch-deutschen Königswahl mitzuwirken. Die damit erstmals erreichte dynastische Verbindung zwischen Österreich und Böhmen haben die Zeitgenossen wohl noch nicht als eine donauländische Großherrschaft der Habsburger wahrgenommen, wie sie erst Jahrhunderte später Gestalt annehmen sollte. Der Zugriff auf das Königreich Ungarn bot weitere Aussicht auf Erfolg, ebenso die Ehen von Albrechts Söhnen und Töchtern, die er mit potentiellen Konkurrenten unter den weltlichen Territorialherren im Reich verheiraten konnte. Seine dynastische Politik erwies sich als ungemein erfolgreich. Doch 1307/08 brachen alle Hoffnungen zusammen. Rudolf von Böhmen verstarb unerwartet früh, und Albrecht selbst fiel am 1. Mai 1308 dem Mordanschlag seines Neffen Johann zum Opfer, dem Albrecht sein Erbe wiederholt versagt hatte.

Der neue König, Heinrich von Luxemburg, bestätigte den Habsburgern sogleich ihre österreichischen Besitzungen, um so seine eigene Stellung im Reich zu festigen. Heinrich VII., später auch Kaiser, ließ König Albrecht in der Speyrer Kaisergruft zwischen seinem Vater Rudolf und seinem ehemaligen Gegner, Adolf von Nassau, beisetzen. Die habsburgischen Erben, voran die Königinwitwe, stifteten 1309 an der Stätte, wo Albrecht zu Tode gekommen war, das Doppelkloster Königsfelden für Franziskaner und Klarissen, das als Hauskloster für die Habsburger eine besondere Bedeutung erhalten sollte.

Kurz nach 1300 bestiegen im Reich, in Böhmen und Ungarn Angehörige neuer Dynastien die Königsthrone. Gemessen an der Stärke hochmittelalterlicher Kaiserdynastien waren im Reich nun „kleine Könige" (P. Moraw) – Vertreter von Grafengeschlechtern – in das Königsamt gewählt worden: ein bezeichnender Umstand für die politische wie für die verfassungsrechtliche Entwicklung des Reiches. Das weitere 14. Jahrhundert stellt sich als eine Zeit rivalisierender neuer Königsgeschlechter von ähnlicher Herkunft dar. Kurzzeitig bestand zwischen dem Habsburger Friedrich dem Schönen (1314–1330) und Ludwig dem Bayern (1314–1347) ein Doppelkönigtum, was eine verfassungsrechtliche Einzigartigkeit blieb. Es begann mit dem Streit der beiden Kandidaten am Frankfurter Mainufer, führte zur Krönung Friedrichs im Bonner

Münster und endete für ihn faktisch in wittelsbachischer Gefangenschaft. Um so mehr kämpfte sein Bruder Leopold in Zusammenarbeit mit dem Papst und dem französischen König gegen den Wittelsbacher auf dem Kaiserthron, ohne dabei durchschlagenden Erfolg im Reich zu erzielen. Die Habsburger wurden letztlich immer mehr auf ihre eigene Territorialherrschaft verwiesen, wo sie auch immer wieder durch Aufstände herausgefordert waren.

Die Habsburgerdynastie, die um 1300 im Begriff war, sich als ein europäisches Königshaus zu behaupten, fand sich nur wenig später im Wettstreit der großen Dynastien an die letzte Stelle zurückgeworfen. Es sollte mehr als 100 Jahre dauern, bis wieder ein Habsburger die Königskrone im Reich erlangte.

3. Erzherzogtum und Haus Österreich um 1400

Was aus der Perspektive der Königsdynastien als eine Schwächeperiode erscheint, zeigt sich aus Sicht der Landesherrschaft dagegen als eine Zeit der Festigung habsburgischer Herrschaft. Die Herzöge von Österreich betrieben im Lauf des 14. Jahrhunderts eine zukunftsträchtige Politik, die Dynastie und Herrschaftsgebiet in einzigartiger Weise zu einer Einheit werden ließ.

Die Habsburger waren lange Zeit „landfremd" in Österreich. Dies änderte sich nach der Mitte des 14. Jahrhunderts durch den Ausbau ihrer herzoglichen Stellung und durch den Zugewinn der Herzogtümer Kärnten und Krain (1345) sowie durch den Erwerb der Grafschaft Tirol (1363/1369). Künftig galt es, diesen weitläufigen Territorialbesitz dauerhaft an die Familie zu binden. Land und Herrschaft sollten zu größerer Einheit gefestigt werden. Für ihre verschiedenen Herrschaftsgebiete fand man bald den verbindenden Ausdruck *dominium Austriae* als Sammelbegriff. Diese Herrschaft Österreich wurde also mit der Dynastie gleichgesetzt.

Nach Herzog Albrecht II. war es dessen Sohn Rudolf IV. (1339–1365), dem man später den Beinamen „der Stifter" gab, der die Verbindung von Herrschaft und Dynastie in einem politischen Anspruch auch gegenüber dem Reich neu begründete.

Ihm gelang es, die Habsburger wieder in den Vordergrund der europäischen Mächtebühne zu schieben, den Anschluß an Kaiser Karl IV. im Reich zu gewinnen und auch die eigenen Ressourcen und Rechtstitel – zielgerichteter als in der Vergangenheit geschehen – einzusetzen. Schließlich erreichte er es, für die österreichischen Herzöge eine königsähnliche Stellung zu gewinnen. Den Weg dahin wiesen zunächst eine Reihe von dynastieinternen Vereinbarungen über die Gestaltung der Erbfolge und der Landesherrschaft. Entscheidend wurde hier die sogenannte Hausordnung vom November 1364, in der man die Ansprüche Rudolfs und die seiner beiden Brüder, Albrecht und Leopold, so definierte, daß Rudolf IV. bei ungeteiltem Besitz den Vorrang behielt. Daran anschließend arbeitete er auf eine stärkere familiäre Anbindung an den Kaiser und die Dynastie der Luxemburger hin, was ihm auch gelang. 1364 schlossen beide Parteien einen Erbvertrag auf Gegenseitigkeit. Rudolf mag auf das Erbe des damals noch ohne männliche Nachkommen regierenden Kaisers spekuliert haben. Der Vertrag birgt aber tatsächlich verschiedene Möglichkeiten kalkulierter Dynastiepolitik. Daß die Habsburger schließlich die Luxemburger überlebten und deren Erbe erhielten, war in jenen Jahren noch nicht absehbar. Erst 73 Jahre später, 1437, eröffnete dieser Vertrag den Habsburgern die dynastische Nachfolge im Erbe der Luxemburger in den Königreichen Böhmen und Ungarn.

1364 ging es Rudolf in erster Linie um eine engere Verbindung zum Kaiser und die Stärkung seines Fürstentums. Er erhoffte sich davon, das Ansehen der Herzöge von Österreich noch zu erhöhen, die – was kein anderer Reichsfürst von sich behaupten konnte – inzwischen über vier Herzogtümer verfügten (Österreich, Steiermark, Kärnten, Krain). Allerdings gehörte Rudolf nicht zum erlauchten Kreis der sieben Kurfürsten, die den König wählen durften, wie es acht Jahre zuvor in der Goldenen Bulle (1356) festgelegt worden war. Diese Situation mag Rudolf nicht willkommen gewesen sein, aber sie änderte nichts an seinen primär landesherrlichen und standesspezifischen Interessen, den Vorrang der Dynastie auszubauen.

Das nahezu väterlich vertraute Verhältnis zwischen Karl IV.

und Rudolf IV. ließ den Habsburger zu einem Nachahmer des luxemburgischen Herrschaftsstils werden. Ähnlich wie der Kaiser und zugleich böhmische König Prag zu seiner Residenz gemacht und in einem imponierenden Bauprogramm als Zentrum seiner Herrschaft ausgezeichnet hatte, so gestaltete Rudolf Wien. Er machte die Donaustadt zur Residenz und Hauptstadt der österreichischen Herrschaft, förderte sie durch wirtschaftliche Privilegien, ließ ihre Hauptkirche St. Stephan in der Hoffnung, daß sie Zentrum eines eigenen Bistums werden würde, ausbauen und veranlaßte die Gründung der Universität Wien (1365). Alle diese Projekte zielten darauf, die Würde von Haus und Land zu erhöhen und in einer gesteigerten Legitimation die Anerkennung im Kreis der Reichsfürsten zu verbessern. Deshalb ließ Rudolf im Winter 1358/59 in seiner Kanzlei eine Reihe älterer kaiserlicher Urkunden fälschen, um durch Bestätigung der Fälschungen besondere Vorrechte als Landesherr und Reichsfürst zu erhalten. Diese Urkunden, die von der Forschung als *Privilegium maius* (‚das größere Privileg‘) bezeichnet werden, besitzen größte Bedeutung für die Gestalt der österreichischen Landesherrschaft. Mit dem *Privilegium maius* gelang es langfristig, die Stellung des Hauses Österreich im Reich aufzuwerten. Das hatte besondere Gründe. Die darin angeführten Vorrechte betrafen beispielsweise die Abschaffung der Reichsgerichtsbarkeit über den Herzog, was das Verhältnis zwischen Österreich und dem Deutschen Reich maßgeblich veränderte. Das ebenfalls dort festgestellte Erstgeburtsrecht und das Gebot der Unteilbarkeit des Landes begründeten die besondere Bindung zwischen der Dynastie und ihren österreichischen Herrschaftsgebieten. Auch künftig hinzugewonnene Länder sollten unter diesem Recht stehen. Insgesamt verschaffte sich der Herzog auf diese Weise eine königsähnliche Stellung, die er auch durch die Führung besonderer Insignien nach außen hin zeigte. Zudem beanspruchte das Privileg eine Reihe ranghoher Titel, etwa der eines *Reichserzjägermeisters* oder *Pfalzerzherzogs*. Liegt hier vielleicht die Wurzel einer gewissermaßen phylogenetischen Freude an Titeln, die noch heute ab und zu in dieser Gegend festzustellen ist? Kaiser Karl IV. jedenfalls erkannte die Forderungen wegen offenkundiger Fälschung einer der verschiedenen Urkunden nicht an. Die Fälschung wurde entdeckt, aber der Skandal blieb aus. So hielt, unbeeindruckt von der Reaktion des Kaisers, auch Rudolf an seinen eigentlichen Absichten und Ansprüchen fest, wenngleich er den Titel des *Pfalzerzherzogs* nicht weiter benutzte.

Innerhalb der Dynastie behielten die Habsburger freilich den Titel *Erzherzog* bei und nach außen hin führten sie den Titel zunehmend dann seit dem 15. Jahrhundert. Als 1442 mit Herzog Friedrich von Steiermark wieder ein Habsburger zum König gekrönt wurde (Königswahl 1440), bestätigte dieser sogleich jenes *Privilegium maius* und tat dies nach seiner Kaiserkrönung 1452 noch einmal im Jahre 1453. Damit war durch höchste Anerkennung die herausgehobene Stellung der österreichischen Landesherrschaften unter den Territorien des Reiches und der Vorrang des Hauses Habsburg für die Zukunft festgelegt.

Die Bedeutung dieser Privilegierung ist für die Geschichte der Dynastie und für die österreichischen Länder nicht hoch genug zu veranschlagen. Die Forschung spricht von „österreichischen Freiheitsrechten", vom „Allerheiligsten" des Hauses, von ihrer „Magna Charta" (G. Hödl). Tatsächlich erhielten die Habsburger eine neue Grundlage ihrer Herrschaft in den gesamten österreichischen Ländern, denn diese waren damit verpflichtend zum dauerhaften Bezugspunkt der Dynastie geworden. Österreich und das Haus Habsburg wurden dadurch eine Einheit. Um das zu dokumentieren, ließ die Familie Prunkausfertigungen jener Urkunden erstellen und jede Diskussion über ihre Echtheit verbieten. Die Fälschung war mittelfristig ein Erfolg geworden und zeigte ein Haus Österreich, dessen Mitglieder seitdem bis zum Ende der habsburgischen Monarchie einzigartige Titel führten.

Zeitlich parallel dazu kam im 15. Jahrhundert der Begriff *Haus Österreich* als Bezeichnung für die Dynastie konsequenter in Gebrauch. Im Mittelalter meinte der Begriff ‚Haus' Verschiedenes, z. B. Burg, Herrschaft oder Familie. Für die Habsburger bezeichnete er das Herrschergeschlecht und die österreichischen Länder. So wurde der Begriff zum Mittelpunkt des Anspruches der Dynastie gegenüber dem Land und schließlich auch in der Führung des Heiligen Römischen Reiches. Kaiser Maximilian führte Ende des 15. Jahrhunderts die anspruchsvolle Formel *Heiliges Römisches Reich und Haus Österreich* im Verbund.

Das Selbstverständnis der Dynastie gründete um 1500 auf einer inzwischen wiedergewonnen Einheit der Dynastie und ihrer Landesherrschaft. Um 1400 aber war dieser Erfolg nicht absehbar. Die Nachfolger Rudolfs IV. teilten 1379 unbeschadet anderer Erbregeln die österreichische Herrschaft, wodurch nun zwei Linien, die Albertinische Linie (Niederösterreich und Oberösterreich) und die Leopoldinische Linie (Innerösterreich – Steiermark, Kärnten, Krain, Istrien, Görz, Tirol, Vorderösterreich) zusammen die Gesamtdynastie bildeten. Letztere Linie teilte sich 1411 erneut. Im Zeichen fortwährender Besitzteilungen und hausinterner Herrschaftsregelungen fehlte es lange Zeit an großen historischen Entwicklungen in Österreich. Zudem waren die westlichen Besitzungen oft gefährdet, wo sich die schweizerische Eidgenossenschaft als energischer Gegner der Habsburger erfolgreich formierte. An sie verloren die Habsburger alte und wichtige Besitzteile – so den Aargau mit der Habsburg (1415). Die Ausbildung der Eidgenossenschaft als eigenen Besitzstand mußten sie 1474 in der *Ewigen Richtung* anerkennen.

Der Weg der Habsburger zurück auf den römisch-deutschen Königsthron führte 1438 über das Erbe der Luxemburger Dynastie in Böhmen und Ungarn. Herzog Albrecht V. gewann durch seine Ehe mit Elisabeth von Luxemburg, der einzigen Erbtochter König und Kaiser Sigismunds, 1437 erbrechtlich den Anspruch auf Böhmen und Ungarn und behauptete sich dort gegen Konkurrenten. Er erlangte 1438 als Albrecht II. auch die Königswürde des Heiligen Römischen Reichs. Obgleich er kaum zwei Jahre regierte, da er auf einem Kriegszugs gegen die Türken 1439 an der Ruhr starb, waren durch ihn mit dem Erbe der Luxemburger in Böhmen und Ungarn für das Haus Habsburg neue politische Horizonte an der östlichen und südöstlichen Peripherie des Reichsgebietes eröffnet worden. Von dieser Situation blieben das künftige territorialpolitische und dynastische Interesse der Habsburger mitbestimmt und auch ihre Möglichkeiten der Reichsherrschaft vorgeprägt.

Doch die Herrschaft über das Erbe in Böhmen und Ungarn blieb bis zum Tod von Ladislaus Postumus (1457), dem nachgeborenen Sohn König Albrechts II., eine Episode. Hier entstanden nationale Königreiche, womit die Ansprüche der Habsburger für Jahrzehnte verdrängt wurden. Aber die österreichischen Besitzungen dieser ausgestorbenen albertinische Linie beanspruchte der Kaiser als Landesherr gegen die konkurrierenden Ansprüche seines Bruders schließlich doch für sich – eine entscheidende Situation. Die zweite Etappe auf dem Weg zum Gewinn der Territorialeinheit endete mit dem Aussterben der Tiroler Linie 1490/96. Deren Gebiet, wie auch Vorderösterreich, kamen nun ebenfalls an die steierische Linie des Kaisers.

Rückblickend stellt sich die Mitte des 15. Jahrhunderts als Zäsur für die Geschichte der Dynastie und ihrer Landesherrschaft dar. Sie markiert den Wiedergewinn der Königsherrschaft im Reich und die nach und nach hergestellte Einheit der Landesherrschaft. Langsam setzte die Konsolidierungsphase ein, in der sich das Haus Österreich innerhalb und außerhalb der Reiches neue Möglichkeiten erschloß.

III. Kaiserliche Dynastie:
Hausmacht und Weltreich um 1500

1. Dynastien, Reich und Europa an der Schwelle zur Neuzeit

„Oh, Jahrhundert!, Oh, Wissenschaft!, Es ist eine Lust zu leben!", mit diesem Ausruf – wohl aus dem Jahre 1518 – wird häufig der Humanist Ulrich von Hutten als Zeuge für ein neues Zeitgefühl zu Beginn der Neuzeit zitiert. Schon weit früher, 1486, schlug der Straßburger Jurist Sebastian Brant in seinem Kommentar zur Wahl Erzherzog Maximilians zum deutschen König ähnliche Töne an: „Mit einem solchen Prinzen muß das Goldene Zeitalter wiederkehren". Beide Daten markieren die Epochenschwelle vom Mittelalter zur Neuzeit, zu deren nicht nur politisch zu verstehenden Zeitzeichen die Eroberung von Konstantinopel durch die Türken (1453), die Entdeckung Amerikas (1492), die Eroberung Granadas durch die spanischen Könige (1492) und der Beginn der Reformation mit dem Thesenanschlag Martins Luthers in Wittenberg (1517) zählen.

Die Zeit um 1500 gehört zu den faszinierendsten Abschnitten der deutschen und europäischen Geschichte: Hier zerrieb sich die mittelalterliche Kaiseridee, beschleunigte sich die Ausbildung nationaler Staaten und Reiche, begann die Epoche der Vorherrschaft europäischer Mächte und Monopole in der Welt, und hier setzte auch die Geschichte der Dynastien neue Zeichen.

Die Könige von England und Frankreich verfolgten nach Beendigung ihres Hundertjährigen Krieges im letzten Viertel des 15. Jahrhunderts eine deutlicher kontinental ausgerichtete Außen- und Interessenpolitik. Gleichzeitig entstand das vereinigte Reich der *Katholischen Könige* der Trastamara Dynastie auf der iberischen Halbinsel mit Auswirkung auf den gesamten westlichen Mittelmeerraum und bildete die Jagiellonen Dynastie von Polen bis Ungarn ein neues Großreich, in dessen Folge der russische Großfürst in Moskau für die neuen Mächte in Europa zu einem potentiellen Partner wurde. Innerhalb Europas entstanden veränderte politische Verhältnisse, die sich bald auf die Neue Welt, auf Amerika, Afrika und Asien auswirken sollten.

Die Politik fand im persönlichen Machtstreben der Monarchen einen Stil, der König Ludwig XI. von Frankreich, Lorenzo I. de'Medici, den spanische König Ferdinand und den englischen König Heinrich VIII. ebenso auszeichnete wie den russischen Großfürsten Ivan III. oder den osmanischen Sultan Mechmet II. oder Papst Julius II. Das gilt auch für die römisch-deutschen Könige und Kaiser. Friedrich III., Maximilian I. und Karl V. wurden zu „Gründerkaisern" des – im damaligen Maßstab – habsburgischen Weltreichs. Den Grundstein dafür legte Friedrich III., die dynastische Ausweitung von Ungarn bis Spanien leitete Maximilian I. ein und die imperiale Ausdehnung des Reichs leistete Karl V.

Die auf nationale und souveräne Staaten zulaufende Machtbildung, intern gestützt von gewandelten Institutionen, Ständevertretungen und Verwaltungen, veränderte das Maß der auswärtigen Politik – sei es im Krieg, sei es in der Diplomatie, sei es im Völkerrecht. Die Ökonomie formte sich zu einem ersten Weltsystem, das Kapital dominierte, und schließlich entstanden neuartige Konfrontationen um Gold und Silber zwischen europäischen und außereuropäischen Ländern. Der unlängst entstandene Buchdruck, neue Medien, die Verkehrslogistik der Post, die Beschleunigung im ökonomischen und politischen Handeln, das Aufkommen der ersten „Globalplayer" in den Großunternehmen der Welser und Fugger sind nur die äußeren Zeichen für die zunehmende Beherrschbarkeit größerer Länder und Reiche.

Während die Pluralität in der Gesellschaft wuchs und – konfliktreich – neue soziale Strukturen entstanden, erhielt auch das Heilige Römische Reich (1495) eine verschriftlichte Verfassung. Der Wormser Reichstag 1495 steht, aus verfassungsrechtlicher Sicht gesehen, am Beginn des neuzeitlichen Reiches und Kaisertums. Hier erhielt das Heilige Römische Reich erstmals dauerhaft Institutionen wie den Reichstag und das Reichskammergericht, die für die nächsten 300 Jahre die verfassungsrechtliche Plattform des Reichskörpers bildeten. Daß man dieses Heilige Römische Reich jetzt offiziell mit dem Zusatz *deutscher Nation* versah, meint dabei keine Minderung der mittelalterlichen Reichsidee, sondern betont vielmehr den Anspruch der Deutschen auf die Reichsherrschaft und die Kaiserkrone vor allem gegenüber den Ambitionen des Königs von Frankreich auf dieses Amt. In der neuen Titulatur folgte man zeitüblichen nationalen Abgrenzungstendenzen zwischen den europäischen Völkern, ohne daß damit aber das Reich eine nationalstaatliche Entwicklung einschlug. Es entstand damals kein Einheitsstaat – und auch kein Deutsches Reich. Das sollte es erst im 19. Jahundert geben. Das Heilige Römische Reich blieb mehr denn je ein übernationaler Personenverband, der – zumal im Handeln der Fürsten und Dynastien – mit der gesamteuropäischen Entwicklung aufs engste verflochten war.

Jetzt büßte das alte Kaisertum seine mittelalterlich-heilsgeschichtliche Aura ein, wie die Geschichte der Kaiserkrönungen zeigt. Die traditionell durch den Papst in Rom vorgenommene Kaiserkrönung des römisch-deutschen Königs fand mit Maximilian I. und Karl V. ihr Ende. Maximilian erreichte zur Krönung 1508 nur Trient und bezeichnete sich hier erstmals als *Erwählter römischer Kaiser*. Diese Verfassungsfigur hatte Zukunft. Die Kaiserkrönung Karls V. nahm Papst Clemens VII. 1530 in Bologna vor, nach dem 1527 im berüchtigten *Sacco di Roma* (Eroberung Roms) deutsche Landsknechte in Rom gewütet hatten, woran bis in unsere Zeit die Vereidigung der neuen Rekruten der Schweizer Garde des Papstes am 6. Mai eines jeden Jahres erinnert. In Bologna krönte letztmalig ein Papst den römisch-deutschen König zum Kaiser. Zusammen mit der Trennung der christlichen Kirchen in der Reformation gehört das geänderte Verhältnis von Papst und Kaiser zu den tatsächlichen Bruchlinien zwischen Mittelalter und Neuzeit.

Europa um 1500, wenngleich in seinen Staatsverfassungen keineswegs allein durch monarchische Formen vertreten, wurde mehr denn je durch das Handeln der Dynastien, Monarchen, Fürsten und des Adels geprägt, wenn es um die Bildung politischer Eliten ging. Die Bedeutung des dynastischen Prinzips der Herrschaftserweiterung dominierte, so daß die Staatsheiraten für die Geschichte des vormodernen Europa eine eher noch größere Bedeutung gewannen, als dies in der Vergangenheit schon der Fall war. Die Habsburger betrieben mit ungewöhnlich großem Erfolg diese Art der Außenpolitik, in der sie in bislang unbekannter Intensität Reichsherrschaft und Dynastiepolitik miteinander verquickten.

2. Friedrich III.: Österreich als Programm

Einer der Beinamen Friedrichs III. prägt bis heute noch sein Charakterbild im historischen Bewußtsein der Allgemeinheit: „Reichs-Erzschlafmütze". Die Zeitgenossen hatten sich keinen Kaiser gewünscht, der nach seiner Königskrönung 1442 für beinahe drei Jahrzehnte das Reichsgebiet nicht betreten sollte. Sie sehnten sich vielmehr einen „Friedenskaiser" herbei, der tatkräftig die alte Ordnung des Reiches und der Kirche erneuern würde. Doch allein der Wille der Kurfürsten zählte. Diese wählten 1440 Erzherzog Friedrich von Steiermark und Kärnten zum römischen König und erhoben nach dem überraschenden Tod König Albrechts II. (1439) wieder einen Habsburger auf den Thron. Friedrich kam mit 20 Jahren zur Herrschaft im Reich sowie im eigenen Haus. Von Anfang an verriet er aber durch Hinauszögern von Entscheidungen seinen politischen Stil, der nicht allein seinem individuellen Charakter entsprochen haben mag. Was die ältere Forschung als persönliche Schwäche des Kaisers deutete, sieht die heutige Forschung als Ergebnis einer an vielen politischen Fronten zugleich herausgeforderten Herrschertätigkeit, in der aus der Überbelastung eine Politik des Beharrens und Ausdauerns resultierte. Friedrich verstand es, schwierige politische Situationen überlegen auszusitzen. Diese – auch moderner deutscher Politik nicht unbekannte Eigenart – bemerkte bereits der italienische Humanist Enea Silvio Piccolomini, der zeitweilig am Hof des Habsburgers tätig war und kritisch notierte, der Kaiser wolle die Welt im Sitzen erobern. Der Humanist und spätere Papst Pius II. sollte Recht behalten.

Friedrich III. setzte seine königlichen Einflußmöglichkeiten zum Nutzen des Hauses Österreich ein, um so dessen Ansehen weiter zu steigern. Daran ließ er in seiner gesamten Herrschaftstätigkeit keinen Zweifel aufkommen. Friedrich verstand den Begriff Haus Österreich zunehmend als ideologisches Instrument und Druckmittel, die Einheit der Dynastie von den verschiedenen Linien einzufordern. Er stellte sich an die Spitze des Gesamthauses und beanspruchte die Führungsrolle in allen internen Konflikten. Dabei äußerte er den Glauben an die Auserwähltheit seines Geschlechts und seine Hoffnung, über die Kontinuität der Königswürde womöglich eine Erbmonarchie zu erreichen, also das Haus Österreich und das Reich zur Einheit zu verschmelzen.

Der Kaiser betrieb mal mehr, mal weniger ein „Programm für Österreich" (G. Hödl). Er verlieh diesem Anspruch ein einprägsames persönliches, wie demonstrativ veröffentlichtes Merkzeichen: A – E – I – O – U . Vom eigenen Notizbuch, über Kunstdenkmäler, Münzen, bis hin zu Büchern und Bauten versah er alle Gegenstände in seinem persönlichen Besitz mit jener Buchstabenfolge. Über die Deutung dieser Buchstabenfolge herrscht in der Forschung keine einheitliche Meinung. Die bekannteste

Deutung als „alles Erdreich ist Österreich untertan" stammt wohl kaum von Friedrich selbst und kann deshalb nur bedingt als Ausweis seines politischen Anspruchs gewertet werden. Zweiffellos aber symbolisiert die Devise eine klare Vorstellung von der Bedeutung der eigenen Herrschaft, seines Königtums und des frühzeitig angestrebten Kaisertums.

Friedrich III. fühlte sich in der Nachfolge der Stauferkaiser, auch wenn für ihn die Möglichkeiten einer vergleichbar gestalteten Kaiserherrschaft kaum noch gegeben waren. Nach den fehlgeschlagenen Versuchen seiner habsburgischen Vorgänger auf dem Königsthron, das Kaisertum zu erlangen, krönte ihn als ersten aus der Habsburger Dynastie Papst Nikolaus V. am 19. März 1452 in Rom prunkvoll zum Kaiser. Seitdem stellten sich die Habsburger in diesem Amt für Jahrhunderte traditionsbewußt in den Dienst des Reiches. Dabei gehörte Friedrichs Zug zur Kaiserkrönung zu den unspektakulärsten Unternehmungen dieser Art überhaupt, zumal die päpstliche Kasse die Reisekosten bezahlte. Der Papst fand in Friedrich einen politischen Partner und erreichte mit ihm in der Abwehr der Konzilsbewegungen des frühen 15. Jahrhunderts eine Festigung der Kurie und des päpstlichen Primats. Damals entwickelte sich noch einmal ein bedeutungsvolles Verhältnis zwischen Papst und Kaiser. Beide universalen Autoritäten konnten voneinander profitieren. Friedrich zog konkrete Vorteile aus seinem Einvernehmen mit der Kurie, wenn er als Landesherr im sogenannten *Wiener Konkordat* das Recht erhielt, direkt auf die österreichische Kirchenverfassung einzuwirken. Damit wurde ein neues Zeichen kirchlicher Erneuerung und der Annäherung von Landesherrschaft und Kirchenregiment gesetzt – zwei Generationen vor der Reformation.

Die Krönungszeremonie in Rom nutzte Friedrich zugleich für die Schaffung familiärer Bindungen. In Rom wurde er mit Eleonore von Portugal vermählt, um damit ein europäisches, weitgespanntes dynastisches Projekt endgültig abzuschließen, nachdem im August 1451 die Trauung des Paares bereits symbolisch durch Vertreter vorgenommen worden war.

Für sein kaiserliches Ansehen setzte sich Friedrich zu Lebzeiten ein imposantes Denkmal im Wiener Stephansdom. Die künstlerische Gestaltung seines Grabmals dort bezeugt die programmatische Verbindung von Kaisertum und Christentum sowie die von Friedrich beanspruchte Identität zwischen dem Heiligen Römischen Reich, dem Haus Österreich und seiner eigenen Herrschaft. Es ist ein steinerner Verweis auf die „Verhimmlichung" seines Kaisertums (A. Lhotsky) und ein beeindruckendes Zeugnis des dynastisch-majestätischen Selbstverständnisses.

Gemessen an der politisch-geographischen Ausdehnung des Reiches und der Lage der habsburgischen Landesherrschaften im Südosten, nahm Friedrich, wie schon sein Vorgänger Albrecht II., ein „Randkönigtum" (P. Moraw) ein. Er betrat zwischen 1444 und 1471 nicht das eigentliche Kerngebiet des Reiches. Er setzte am Anfang seines römisch-deutschen Königtums vor allem auf die Festigung der habsburgischen Hausmacht und verzichtete darauf, das Erbe Albrechts II. in Böhmen und Ungarn direkt zu behaupten. Die Chance, eine überregionale Machtposition für das Haus zu gewinnen, schlug Friedrich am Beginn seiner Königsherrschaft aus. Genauso bedacht strebte er im selben Moment die Übernahme der Führungsrolle im Haus Habsburg an. Gestützt auf das *Privilegium maius,* sicherte er sich Vormundschaften über minderjährige Erzherzöge in den verschiedenen Hauslinien – so über die Kinder König Albrechts II., Ladislaus Postumus und dessen beide Schwestern sowie über Erzherzog Sigismund von Tirol. In beiden Fällen mußte sich Friedrich gegenüber seinem Bruder Albrecht VI. erst durchsetzen, der zeitlebens gegen ihn opponierte und landesinterne Kriege führte.

Die über Ladislaus erreichte Vereinigung der Länder Böhmen, Mähren, Ungarn und der beiden österreichischen Herzogtümer ob und unter der Enns blieb aber Episode. Sie endete mit dem Tod von Ladislaus im November 1457. Damit starb die albertinische Linie der Habsburger aus, und dadurch brachen die innerdynastischen Konflikte zwischen Friedrich und Albrecht um so schärfer auf. Erst mit Albrechts Tod (1463) endete diese Phase innerösterreichischer Entwicklung. Die Politik Friedrichs als Landesherr zielte offensichtlich darauf ab, im Rahmen der gegebenen Möglichkeiten Österreich als geschlossenen, vom Rhein bis an die Murr und die Leitha reichenden Alpenstaat zu gewinnen (H. Koller).

Während dieser Jahre erlangten in Böhmen und Ungarn nationale Könige, im ersten Fall Georg Podiebrad, im zweiten Fall Mathias Corvinus, die Herrschaft. Beide suchten unabhänigig voneinander Einfluß auf die benachbarten österreichischen Länder zu nehmen, um ihre Herrschaft auszudehnen. Insbesondere der ungarische König Corvinus gewann teils als Rivale, teils als Bundesgenosse Friedrichs erhebliche Bedeutung für die innerösterreichische territoriale Entwicklung, wobei der Corvine längere Zeit größere Teile der östlichen Gebiete besetzte, die Friedrich erst viel später zurückgewann. Der Verlauf der Krisen und Konflikte in Österreich und mit Ungarn spiegeln sowohl Friedrichs typische Passivität als auch den Weg seines Erfolges. 1459 ließ sich Friedrich zum Gegenkönig in Ungarn wählen, womit er keine territorialen Zugewinne erzielte, aber der Dynastie im Vertrag von Ödenburg doch rechtliche Ansprüche sichern konnte. Im Vertrag von Preßburg (1491), den später sein Sohn Maximilian mit dem ungarischen König Ladislaw II. schloß, gewannen die Habsburger nach territorialen Grenzherrschaften dann erbrechtliche Ansprüche für den Fall, daß die Jagiellonen aussterben sollten. Zu Beginn des 16. Jahrhunderts trat genau das ein, und die Habsburger trugen fortan auch die ungarische Krone.

Angesichts der in der Fläche nur lose verbundenen habsburgischen Hausherrschaft kam der Grafschaft Tirol eine zentrale Rolle zwischen den östlichen und den westlichen Ländern zu. Jeder Versuch einer territorialen Ausdehnung nach Westen machte den Besitz der Grafschaft Tirol vordringlicher. Als Sigismund von Tirol ohne legitime Erben blieb und ein Verlust der Grafschaft an die rivalisierenden bayerischen Wittelsbacher durch Verkauf drohte, setzte der Kaiser unmittelbar ein neues Regiment am verwandten Innsbrucker Hof ein. Mit seiner Erlaubnis verhandelte sein Sohn Maximilian über den Rücktritt Sigismunds und die Übergabe der Grafschaft an ihn.

Friedrichs Politik als Landesherr und als Reichsoberhaupt konzentrierte sich zunehmend auf die Herausforderungen an der südöstlichen und an der westlichen Seite des Reiches. Die Auseinandersetzung um die angemessene Abwehr gegen das auf dem Balkan expandierende Osmanische Reich trug dem Kaiser im Reich heftige Kritik ein. Aber am Stil seiner Politik änderte sich nichts. Die Mehrung des Ansehens der Dynastie bildete, ähnlich wie gegenüber Ungarn auch, die Grundlage seiner letztlich erfolgreichen Haltung gegenüber dem Herzog von Burgund im Westen. Die Burgunder Herzöge, eine selbstbewußte Seitenlinie des französischen Königshauses, waren mit ihrer Adels- und Hofkultur damals hochangesehene Fürsten. Politisch wurden sie zeitweilig vielleicht zu den stärksten Konkurrenten des Habsburgers, als sie danach strebten, aus der lockeren Ländergruppe von Holland, Brabant, Flandern, Luxemburg bis ins Elsaß ein eigenes Königreich zu schaffen. Friedrich III. verlor diese expansive Seite der Burgunder seit Beginn seiner Herrschaft niemals aus den Augen. Zu erfolgversprechenden familiären Verbindungen kam es aber nach vielen vorausgegangenen Kontakten erst in den 70er Jahren. Jenseits einer Reihe territorialer Differenzen interessierte den Kaiser die Heirat der einzigen Tochter des Burgunders mit seinem Sohn Maximilian. So wie Friedrich mit Eleonore von Portugal seine Gemahlin aus einem fernen Land gewählt hatte, deren vermögende Familie zugleich mit den westeuropäischen Dynastien verbunden war, spekulierte er auch für seinen Sohn auf eine Frau, die den Ansprüchen eines Kaiserhauses sowohl dynastisch als auch finanziell genügte. Umgekehrt suchte auch Herzog Karl der Kühne von Burgund einen angemessenen Gemahl für seine Erbtochter Maria. Aber der politische Stil Karls bewirkte ringsum Instabilität. Aller Glanz, den er denn auch bei dem Zusammentreffen mit dem Kaiser beim berühmten Fasanenfest in Tier (1473) aufbot, beförderte nicht dessen Willen zum Bündnis. Friedrich reiste schließlich still und heimlich ab. Erst im Rahmen des Reichskrieges gegen Karl von Burgund um Neuss und das Erzbistum Köln (1474/75), der zum wichtigsten reichspolitischen Erfolg des Kaisers wurde, erreichte man ein Ehebündnis zwischen Maria und Maximilian. Dessen politische Einlösung mündete nach dem überraschenden Tod des Burgunder Herzogs 1477 in kriegerische Auseinandersetzungen mit dem französischen König um das Erbe Burgunds, aus denen die Habsburger erst viel später den Sieg davontrugen.

Mit der Ehe zwischen Maria und Maximilian legte der Kaiser ein neues, zunächst aber keineswegs gesichertes Stück jenes Fundaments, auf dem sich der weitere Aufstieg seines Hauses in den Rang einer europäischen Großdynastie im Westen vollzog. Der Wille, das Ansehen der Dynastie zu steigern, blieb freilich politischer Antrieb für eine territoriale Erweiterung von bislang unbekannter Ausdehnung in Europa. Dies darf aber bei Friedrich schwerlich als weitgreifende donauländisch-gesamtstaatliche Ausrichtung seiner Politik interpretiert werden. Eher wird deutlich, daß sich nationale Eigenständigkeiten, so in Böhmen und in Ungarn, neben dynastischen Zusammenfassungen in neuen Dimensionen abzeichneten. Der Kaiser setzte auf die territoriale Einheit des Hauses Habsburg, worin auch dynastisch die Voraussetzungen für erfolgreiche Expansionen angelegt waren. Ehebündnisse und Erbverträge, also berechenbare Zukunftsplanung bildeten die stabilsten Eckpfeiler zum Aufbau und Ausbau der habsburgischen Machtsphäre.

Friedrich degradierte dabei seine Kinder zu Instrumenten schierer Brautbettpolitik im Sinne dynastischer Raison und Prestigesteigerung. Aber nicht alle seine Heiratspläne gingen auf. Seine Tochter Kunigunde wurde gegen den erklärten Willen des Vaters mit Hilfestellung Maximilians in das Haus Wittelsbach verheiratet – ein Beispiel konkurrierender Einschätzungen zwischen Vater und Sohn, was zugleich ein Schlaglicht auf das Familienleben selbst wirft. Nach zeitgenössischen Aussagen mangelte es dem Kaiser wohl sehr an der Fähigkeit, emotionale Nähe zu entwickeln, auch gegenüber seiner Gemahlin. Von Frauen allgemein hielt sich Friedrich sehr zurück – eine Haltung, über deren Gründe man nur spekulieren kann. Anders als er pflegte aber die Kaiserin Eleonore ein intensives Verhältnis zu ihren Kindern. Sie brachte in ihrem Reisegepäck die ersten „Kolonialwaren" – z. B. den Rohrzucker von den Azoren – nach Österreich mit. Die Kinder bekamen von ihr jedoch nicht nur „Süßes"; sondern sie prägte auch deren Bildungsprofil sehr viel stärker als der Vater, und damit arbeitete Eleonore jenseits ihrer Möglichkeiten als

Kaiserin wesentlich mit an den Grundlegungen des künftigen Aufstiegs der Familie, nachdem sie selbst über ihre Herkunft dem Haus Habsburg den Zugang zum erfolgreichsten Netzwerk west- und südwesteuropäischer Dynastien mit Verbindungen nach England, Burgund, Frankreich und Italien verschafft hatte.

3. Maximilian I.: Burgund, Spanien, Italien und Ungarn

So sehr sich auch Maximilian in seinem persönlichen politischen Stil von dem seines Vaters unterschied, so sehr hielt er doch auch an dessen Maxime fest, Ansehen und Vorrang der Habsburger zu erhöhen, um das Reich in seiner Verfassung zu reformieren und den Zeiterfordernissen anzupassen. Maximilian erweiterte die territorialen Grundlagen im Westen und Südosten. Kriege um Gebietsgewinne von den Niederlanden über Italien bis Ungarn wurden zum Zeitzeichen seiner energischen Politik für das Reich und das Haus Österreich. Die Formierung des neuen politischen Mächtegefüges in Europa am Beginn der Neuzeit vollzog sich in kapitalintensiven Kriegen, deren Finanzlast zumeist die österreichischen Erblande zu tragen hatten. Dies und eine Folge unvorhersehbarer genealogischer Zufälle ließen die Familie in erst kürzlich eingegangen Verbindungen mit den Kronen von Aragón und Kastilien, die das Königreich Spanien bildeten, sowie mit dem Königreich Ungarn zu einer dominierenden Großdynastie in Europa werden. 1519 leitete Maximilian die Wahl seines Enkel Karls, seit 1516 König von Spanien, zum römisch-deutschen König ein. Im Übergang von Friedrich III. zu Maximilian und dann Karl V. war das Reich faktisch zu einer Erbmonarchie der Habsburger geworden.

Im Urteil der Zeitgenossen fand Maximilian – im Unterschied zu seinem Vater – wegen seines Temperaments und energischen Handelns vielfach Anerkennung. Nicht zufällig wurde er zu einem der populärsten Könige seiner Epoche. Doch es fehlte auch nicht an kritischen Stimmen. Der italienische Humanist Niccolò Machiavelli, der Maximilian persönlich kennenlernte, soll ihn mit einem schlechten Gärtner verglichen haben, der die Früchte nicht reifen läßt. Hinter dieser Charakterisierung eines

2 Die Dynastie am Ende des 15. und zu Beginn des 16. Jahrhunderts.
Links Kaiser Maximilian, rechts Maria von Burgund,
in der Mitte Philipp der Schöne, vorne Ferdinand I., Karl
und rechts Ludwig von Ungarn.

agilen und unsteten Monarchen verbirgt sich letztlich ein Renaissancefürst, der den Vorrang der eigenen Persönlichkeit zu propagieren suchte, sei es nun in der Vorliebe für das Kriegs- und Militärwesen oder im höfischen Mäzenatentum. Maximilian setzte viel daran, schon zu Lebzeiten das Andenken an die eigene Person von Anfang an ins richtige Licht zu setzen. Im *Weißkunig*, einer von Maximilian in Auftrag gegebenen und zugleich von ihm miterstellten, abbildungsreichen autobiographischen Erzählung, die er als aufwendiges Druckwerk herausbringen ließ, heißt es an einer Stelle sinngemäß: Wer im Leben keine Erinnerungen begründet, erfährt nach seinem Tod auch kein Gedächtnis. Einen solchen Menschen wird man mit dem Glockenschlag vergessen!

Der Historiker Hartmut Boockmann stellte – wohl zu recht – Maximilian in eine Reihe mit den italienischen Renaissancefürsten und bilanzierte die vielen spätgotischen Bilder und Figuren, die den Ruhm Maximilians verkünden, als Beleg der unauflöslichen Einheit von persönlichem Ruhm, dynastischer Propaganda und Herrschaftsrepräsentation. Maximilians zahlreiche Auftragsarbeiten an die Humanisten in Nürnberg und Straßburg, die als eine neuartige Kulturoffensive zu charakterisieren sind, unterstreichen gerade diese Interessen. Sein Ruhm gründete wesentlich auf bedrucktem Papier. Er erkannte nicht nur die Vorteile des zur Mitte des 15. Jahrhunderts erfundenen Buchdrucks für die Vervielfältigung von Erlassen und Aufgeboten des Reichstags, sondern er wußte vielmehr in egomanischem Interesse durch massenhafte Verbreitung von Flugblättern und Korrespondenzen politisch zu wirken und Pressekampagnen zu inszenieren, beispielsweise während der langen Kriege mit Frankreich um Burgund oder Italien. Die Geschichte dieser frühen politischen Propaganda im europäischen Raum wird man künftig noch stärker beachten müssen, auch um hier die Emotionalisierung der entstehenden Nationen und ihrer Gegnerschaft besser zu verstehen.

Kaum ein Kaiser vor ihm hatte wie er Politik durch Inszenierung von Geschichte gemacht. Keiner zelebrierte so öffentlichkeitswirksam den Vorrang der Habsburger im Kreis der europäischen Dynastien. Hatte sein Vater durch Anerkennung des *Privilegium maius* dem Haus einen besonderen Rang im Reich verschafft, so steigerte Maximilian das Ansehen und den Anspruch der Dynastie durch genealogische Spekulationen um das Alter und die Abstammung seines Adelsgeschlechtes. Er förderte die Erstellung geradezu phantastischer Stammbäume, denen zufolge die Wurzeln der Habsburger über die karolingischen Kaiser zu den römischen Cäsaren und weiter zu den antiken Trojanern, ja bis zum biblischen Stammvater Abraham zurückreichten. Er demonstrierte das Bewußtsein der Exklusivität des Hauses und steigerte es ins Überpersönliche, sogar ins Sakrale, und wies zugleich seine genealogische Verbindung zu beinahe allen weiteren führenden Königsfamilien von Litauen bis Portugal aus. Was uns Heutigen phantastisch erscheinen mag, entbehrte unter den Zeitgenossen nicht der Glaubwürdigkeit. Derartige adlige Legitimationswege belegen eine unserem Staatsdenken verlorengegangene Vorstellung, mittels genealogischer Nachweise und Annahmen Erbansprüche zu behaupten sowie das Alter der Familie auch politisch offensiv und staatlich integrativ zu nutzen. Ein künstlerischer Beleg der besonderen Art dafür ist die Kaiser- und Ahnengalerie an Maximilians Innsbrucker Grabmal mit Figuren der legendären Sagenhelden wie Dietrich von Bern und König Artus. An der Konzeption des Ensembles wirkte der Kaiser selbst mit. Es verrät nicht zuletzt seine phantastischen Triumphgedanken; seine Herrschertugenden und seinen Ruhm ließ er in der monumental ausgestalteten *Ehrenpforte* und im *Triumphzug* künstlerisch überhöhen.

Zu Maximilians großen politischen Erfolgen gehört der Gewinn des zwischen Frankreich und dem Reich gelegenen Herzogtums Burgund. Bereits vor seiner Krönung zum römisch-deutschen König 1486 entschied sich Maximilian dafür, dieses ferne und umfängliche burgundische Erbe unbedingt zu sichern, das laut Ehevertrag nur den Kindern der Brautleute ein Erbrecht zugestand, nicht aber den überlebenden Ehegatten. Diese prekäre Bestimmung wurde von Maria durch Schenkungsversprechen für den Fall ihres Todes umgeformt und umgangen. Das sollte entscheidend werden, denn nach dem tragischen Unfalltod

Marias von Burgund (1482) galt es für Maximilian, auf dieser Grundlage das Erbrecht der gemeinsamen Kinder, Philipp und Margarethe, zu sichern. Maximilian, der mit seiner Ehe zugleich den anspruchsvollen Repräsentationsstil des burgundischen Hofes und das zentralisierte Verwaltungsssystem der Burgunder Herzöge übernahm, orientierte sich in Zukunft stark am Wirken seines verstorbenen Schwiegervaters Karl. Es fehlt nicht an Zeugnissen, in denen sich der Habsburger ausdrücklich als Burgunder zeigte.

Zum Gegenspieler in den Niederlanden wurde König Ludwig XI. von Frankreich, der auf jede nur denkbare Weise Maximilian den Herrschaftsantritt im burgundischen Erbe streitig machte, so daß die niederländischen Erbfolgekriege mehr als 15 Jahre dauern sollten. Zur Sicherung Burgunds kreiste Maximilian Frankreich politisch ein, indem er Anna von Bretagne als neue Gemahlin gewann. Auf diese neuerliche Herausforderung reagierte Karl VIII., der inzwischen König von Frankreich geworden war, nicht nur militärisch, sondern nicht weniger wirkungsvoll auch dynastisch: Die gerade erst mit ihm verlobte und an seinem Hof lebende Tochter Maximilians, Margarethe, machte er zum Gespött Europas, als er einerseits nun selbst Anna von Bretagne an seinen Hof brachte, um sie zu heiraten, dann deren Ehe mit Maximilian bei der römischen Kurie annullieren ließ und die Ex-Verlobte zu ihrem Vater zurückschickte. Solcher Rigorismus im Umgang der Dynastien untereinander war kein Einzelfall. Maximilian heiratete – wieder aus politischem Kalkül – in zweiter Ehe die reiche Bianca Maria Sforza von Mailand, um mit 400 000 Dukaten eine außergewöhnliche Mitgift und zugleich in Italien einen politischen Verbündeten gegen Frankreich für sich zu gewinnen. Das Eheverhältnis blieb ein formales und Maximilian tröstete sich emotional ausgiebig mit adeligen Edeldamen, wie seine neun außerehelichen Kinder eindrucksvoll belegen.

Nachdem 1493 ein Ausgleich mit Frankreich gefunden worden war und Maximilians Sohn Philipp der Schöne die burgundische Herrschaft übernahm, verlagerte sich der Konflikt mit Frankreich nach Italien. In mehreren großen Kriegen bis 1515 rivalisierten Karl von Frankreich und der Kaiser um den Gewinn Italiens für ihre Machtsphäre – Zeichen einer neuen Epoche. Maximilians Italienpolitik zum Nutzen des Reiches und des Hauses Habsburg verschob die bisherigen Machtsphären nicht wesentlich, führte jedoch letztlich zur politischen Annäherung zwischen Spanien und Österreich, während zeitweilig Frankreich die Oberhand in Italien gewann. Der zukunftsträchtige Weg der Habsburger auf die iberische Halbinsel, um mit der Trastamara Dynastie eine Verbindung einzugehen, resultierte also aus der neuen europäischen Mächterivalität zwischen Frankreich und dem Kaiser. Daß in dieser Konstellation den Habsburgern der entscheidende Schritt in die europäische Führungsstellung gelingen sollte, war vor 1500 kaum absehbar, aber vielleicht doch schon Gedankenspiel. Um so mehr galt dies, nachdem 1496 Maximilians Sohn Philipp die spanische Prinzessin Juana heiratete und ihr einziger Bruder Don Juan Maximilians Tochter Margarethe zur Frau nahm. Seit 1474/79 waren in Spanien die Königreiche Aragón und Kastilien unter den *Katholischen Königen* – so der päpstliche Ehrentitel für König Ferdinand und Königin Isabella – vereint. Die nahmen in der Reconquista den alten Kreuzzugsgedanken auf und stärkten im erfolgreich verlaufenden Eroberungskrieg gegen das letzte maurische Königreich ihre Autorität auf der iberischen Insel. 1492 zog das Königspaar in Granada ein und – mit päpstlicher Förderung – folgten afrikanische Kreuzzüge gegen die Muslime. Ferdinands Politik richtete sich gegen die weitere osmanische Herrschaft bis Ägypten und Jerusalem und war damit Teil seiner darauf ausgerichteten europäischen Bündnispolitik. Aber nicht aus Afrika und auch nicht aus dem gerade entdeckten Amerika, sondern aus der Bindung Spaniens an Italien, wo das Königreich Sizilien mit Sardinien zur Krone Aragón gehörte, kam der folgenreichste Impuls, der die Trastamara Dynastie an die Seite der Habsburger zur gemeinsamen Frontstellung gegen den französischen König führte.

Mit dem unerwarteten Tod der beiden spanischen Erbfolger, Don Juans 1497 und Isabellas 1498, wurde – wider Erwarten – Juana schließlich 1504 rechtmäßige Erbin der spanischen Reiche beiderseits des Atlantiks. Damit aber war noch kein Habsburger auf den spanischen Thron gelangt. Dazu kam es erst, als sich, angesichts der Geistesschwäche Juanas, der Kaisersohn Philipp selbstbewußt als Regent gegen seinen Schwiegervater Ferdinand im Land durchgesetzt hatte. 1506 wurde Philipp neben seiner Gemahlin als rechtmäßiger König von Kastilien anerkannt. Aber auch er verstarb noch im selben Jahr, so daß König Ferdinand das Regiment in durchaus antihabsburgischer Ausrichtung nochmals an sich zu ziehen vermochte. Dynastisch entschied sich die Situation endgültig 1516 mit dem Tod König Ferdinands, als dann Juanas Sohn Karl von Burgund aus – zusammen mit seiner Mutter – die Königswürde von Kastilien und Aragón für sich reklamierte und annahm. Die habsburgische Thronfolge in Spanien erfolgte auf diese Weise noch in den letzten Lebensjahren Maximilians. Was im dynastischen Zeitraffer soweit einer inneren Logik zu folgen scheint, läßt freilich die zahlreichen landesinternen Widerstände, die diesen Weg nach Spanien säumten, unbedeutend erscheinen. Tatsächlich aber bildeten sie einen beträchtlichen Teil des spanischen Erbes in der Habsburger Monarchie.

Der Erfolg dieser Heiratspolitik Maximilians war alles andere als vorhersehbar. Maximilian hatte anfangs zögerlich den Aufbau der Verbindungen mit Spanien betrieben, die aber rasch weltgeschichtliche Bedeutung erlangen sollten. In diesem Zögern spiegeln sich zugleich zeitgemäße europäische Machtpolitik und das Bewußtsein für jenes Risiko, das die Akteure eingingen – war doch die Geistesschwäche der spanischen Königsfamilie, in die man einheiratete, bekannt. Die Verbindung mit Spanien verrät noch eine andere Eigenart der Habsburger: Wie Friedrich, so suchte auch Maximilian für seine Kinder dynastische Verbindungen möglichst jenseits der Reichsgrenzen, also außerhalb des Kreises der Reichsfürsten. Für seine Enkelinnen und Enkel schuf Maximilian Verbindungen mit europäischen Königsfamilien, vorzugsweise von Portugal bis Ungarn. Hatte Maximilian für seinen einzigen Erbsohn Philipp eine polnische Verbindung noch ausgeschlagen, so durfte doch einer seiner Enkel eine solche Ehe eingehen. Sie eröffnete damals in der Verbindung mit der Jagiellonen Dynastie neue Zugänge nach Böhmen und Ungarn.

Die Doppelhochzeit mit den Jagiellonen gilt als herausragendstes Projekt europäischer Dynastiepolitik der Habsburger, die man wegen ihrer weitreichenden politischen Folgen für Europa auch den „ersten" Wiener Kongreß genannt hat. Hier wurde 1515 das eigentliche Fundament des späteren Österreich-Ungarn gelegt. Auf der Grundlage der Verträge des ausgehenden 15. Jahrhunderts wurde 1515 die Doppelhochzeit zwischen Ludwig von Ungarn und Maria von Österreich sowie zwischen Maximilian als Stellvertreter seiner Enkel Karl bzw. Ferdinand und Anna von Ungarn geschlossen. Ein vorausgegangener wechselseitiger Freundschaftsvertrag sicherte das Projekt. Am 22. Juli feierte man in prunkvollem Stil diese Doppelhochzeit. Den Vollzug der Ehen mußte man auf spätere Zeiten verschieben, denn Maria war erst 10, Anna 12 und Ludwig erst 9 Jahre alt. Die in diesem Projekt angelegte Verbindung wurde 1521 realisiert. Maximilians Enkel Ferdinand heiratete Maria von Ungarn. Mit dem Tod König Ludwigs von Ungarn in der Schlacht gegen die Türken bei Mohács 1526 trat hier nun der Erbfall zu Gunsten der Habsburger ein. Nach Burgund, Spanien und Italien gliederte die Dynastie nun nach und nach die Königreiche Ungarn und Böhmen in ihre Herrschaftssphäre ein.

Die habsburgische Heiratspolitik an der Wende von Mittelalter und Neuzeit hatte sich zu einer beispiellosen Erfolgsgeschichte entwickelt. Für den stets um die Finanzen ringenden Maximilian war es nicht unbedeutend, daß dieser Aufstieg und die territoriale Erweiterung seiner Hausmacht nahezu ein finanzielles Nullsummenspiel der gegeneinander aufgerechneten Mitgiften bedeutete. Der politische Profit war noch unabsehbar; er wurde aber doch noch in den allerletzten Lebenstagen des Kaisers in der Neugestaltung Europas ausgemünzt. Maximilian verstarb am 12. Januar 1519 nach einem Schlaganfall. Binnen einer Generation hatten die Habsburger dank des Erbes der spanischen und jagiellonischen Reiche eine politisch-geographische Schwerpunktverbreiterung ihres bisherigen Herrschaftsgebietes sowohl nach Westen als auch nach Osten erreicht. Hatte Maximilian zeitweilig daran gedacht, seine Landesherrschaft Österreich zu einem eigenen Königreich zu erheben, so waren statt dessen von auswärts neue Kronen an das Haus gelangt. Für seine Erben eröffnete sich die Chance, aus dem von Maximilian erreichten europaweiten Reich und Besitz ein einheitliches Weltreich zu begründen.

4. Karl V.: Erster und letzter Weltkaiser

Kennzeichen der Epochenschwelle der Neuzeit ist auch ein Generationenwechsel in den europäischen Monarchien. Mit 17 Jahren wurde Heinrich VIII. König von England (1509), mit 20 Jahren Franz I. König von Frankreich (1515) und mit 19 Jahren wurde Maximilians Enkel Karl zum römisch-deutschen König gewählt (28. Juni 1519), nachdem er bereits seit 1516 als Karl I. in Spanien regierte. Als Karl V. wurde er 1520 *Erwählter Römischer Kaiser*. Damit trat ein junger Mann in das Königs- und Kaiseramt ein und erbte gleich den unter Maximilian bereits entwickelten Konflikt zwischen Habsburg und Frankreich. Auch in Zukunft blieb diese Konfrontation ein Merkmal der europäischen Mächtepolitik, die man schon zu dieser Zeit mit dem Begriff „Erbfeindschaft" belegte. Konsequenter als sein Vorgänger aber unterlegte Karl V. auch diesen Konflikt mit einem ausdrücklicheren Führungsanspruch des Reiches, den er mit der Verbindung und Einheit von Christentum und Kaisertum begründete.

Geprägt von der Erziehung am burgundischen Hof, gebildet in französischer Sprache und Kultur – vor allem durch Wilhelm von Chièvres und den religösen Mentor Adriaan Florensz van Utrecht, den späteren Papst Hadrian VI. – und schließlich mit Hilfe weiterer Familienmitglieder und massiver Kapitalunterstützung der Augsburger Fugger in das römisch-deutsche Königsamt gewählt, schuf Kaiser Karl V. in einer durch Reformen und Reaktionen gezeichneten Zeit ein habsburgisches Weltreich von bis dahin unbekannter Ausdehnung. Erstmals in der Geschichte herrschte ein Kaiser in einem Reich, in dem die Sonne nicht unterging – Karl V., der erste Weltkaiser.

Den Weg zur Weltherrschaft betrat ein eher magerer und bleicher junger Mann mit den typischen Gesichtszügen der

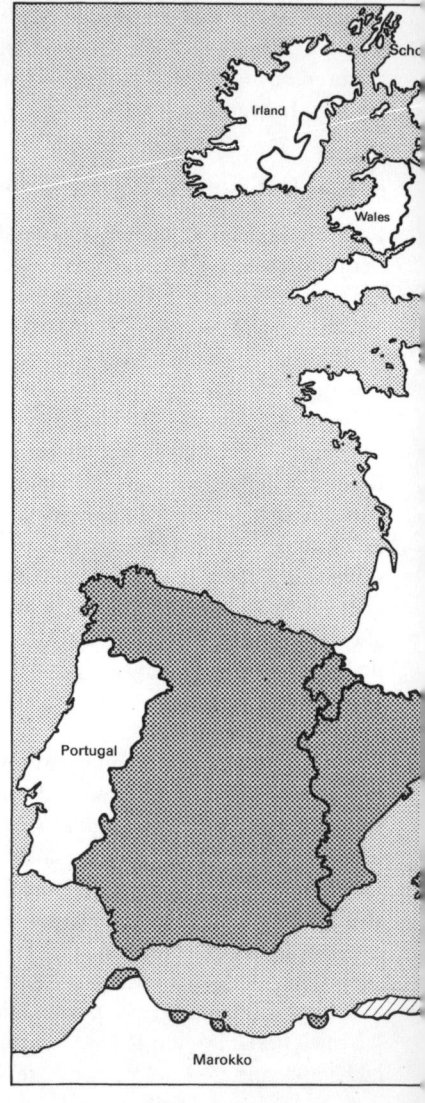

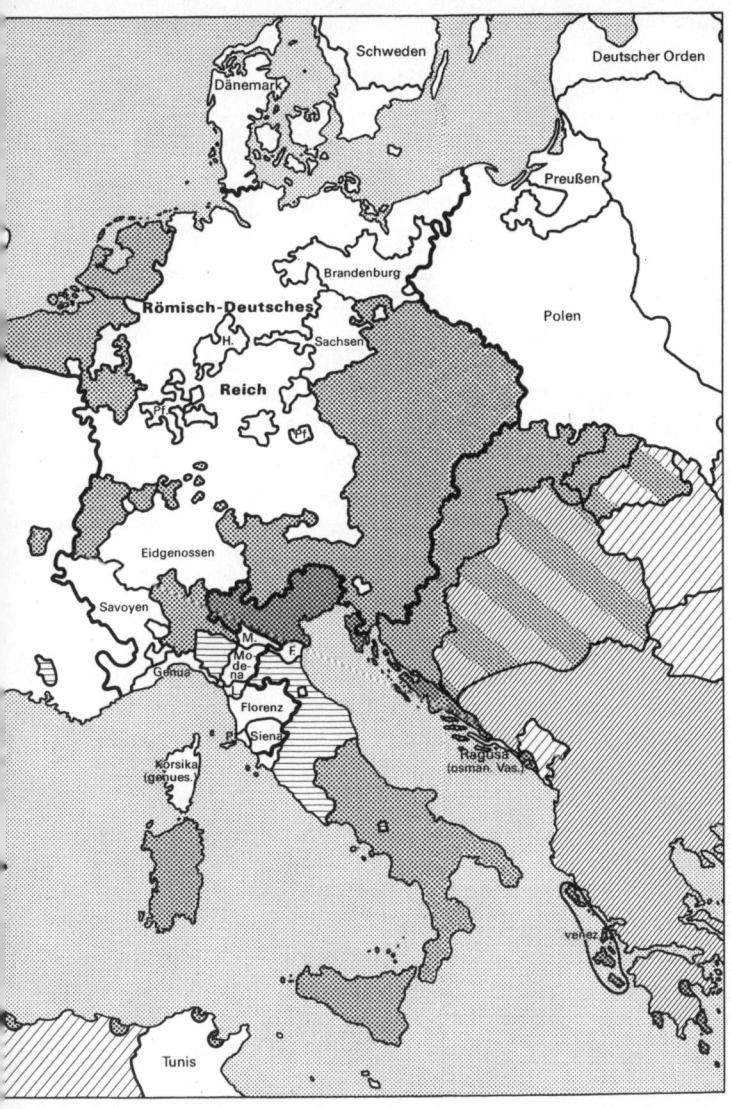

3 Europa und die habsburgischen Monarchien im 16. Jahrhundert.

Habsburger und ferner ausgestattet mit einer nicht selten melancholischen Verfassung. Scheu, bisweilen arrogant, verliebt dabei in seine spanische Gemahlin Isabella, aber ansonsten kaum zu emotionalen Äußerungen gewillt, betrieb er einen modischen Körperkult, wie zahlreiche seiner Portraits dokumentieren. Dieser Hintergrund gehört zum Geheimnis Karls, der sich aus dem Anspruch heraus, seine Pflicht zu erfüllen, im höchsten Amt nichts schenkte. Brüssel machte er zu seiner eigentlichen Hauptstadt, ohne dort jedoch heimisch zu werden. Stets war er unterwegs, zumeist im Sattel von Schlachtrössern. So blieb er, bis er im spanischen Yuste verstarb, eigentlich heimatlos – ein letzter Dienstreisender in Sachen mittelalterliches Kaisertum.

Auf Größe bedacht, orientierte er sich an den ererbten Grundproblemen des Abendlandes, an dem Verhältnis von Heiligem Römischen Reich und Christenheit, während er der neuen Welt, Neuspanien, Mexiko und Peru, weniger Aufmerksamkeit schenkte. Darüber kann auch der in der Schatzkammer der Wiener Hofburg bis heute gezeigte Federschmuck des Aztekenhäuptlings Montezumas nicht hinwegtäuschen. Der Mythos der neuen Welt und damit verbunden ein Weltkaisertum, das die Grenzen des kontinentalen Reiches sprengte, bewegte eher Karls politische Berater aus Spanien. Die 1542 auf Veranlassung des Dominikaners Bartholomäus de Las Casas entstandenen *Neuen Gesetze* lassen sein durchgängig christlich-ethisches Handlungsprinzip erkennen, das er auch gegenüber den neuen Völkern zu beachten suchte.

Zwischen 1521 und 1538 führte Karl V. gegen Franz I. von Frankreich, seinen europäischen Konkurrenten, drei große Kriege. Diese Konflikte wurden mit hohen Kosten und aller Brutalität, die der Einsatz von Landsknechtheeren mit sich brachte, geführt, was die finanziellen Ressourcen sowohl Österreichs als auch Spaniens außerordentlich beanspruchte. Wie zu Zeiten Friedrichs und Maximilians erfuhr diese Politik auch Kritik, und zwar nicht nur durch die Stände der österreichischen Länder, die dem „internationalen" Engagement ihrer Landesherren aus nachvollziehbaren Gründen mißtrauten. Die Bemühungen von Karls Bruder Ferdinand, den von Maximilian hinterlassenen Schuldenberg des Hauses Habsburg-Österreich-Burgund mit Hilfe des Spaniers Gabriel Salamanca abzubauen, trugen Züge eines Konkursverfahrens.

Derartige Verhältnisse aber änderten nichts an der Verbissenheit Karls, insbesondere Oberitalien als Machtsphäre der Habsburger zu behaupten und damit Italien als Teil des Reiches und der Reichsidee zu sichern. Die kaiserlich-habsburgischen Interessen in Spanien und Italien bestimmten daher auch Karls Mittelmeerpolitik, die letztlich der Sicherung der Verkehrswege diente, aber im westlichen Mittelmeer noch zu keiner Seeherrschaft führte, selbst wenn der Kaiser im Kampf gegen die Seeräuber in Tunis einen spektakulären Erfolg erzielte. Die Siegeszeichen nutzte er zu Propagandazwecken: Wie Maximilian seine politischen Träume in prunkvollen Druckwerken und Monumenten dokumentiert hatte, so ließ Karl seine Erfolge in monumentale Bildteppiche weben – die Macht der Kunst sollte die Kunst der Macht verewigen. Auf seinen zahlreichen Reisen führte er diese szenischen Tapisserien zur Selbstdarstellung seines Kaisertums mit sich. Sie veranschaulichten, wie vieles andere, eindrucksvoll die Majestät ihres Besitzers – als gleichsam transportables „Teppichtheater".

Karls anderer Gegner stand seit einem halben Jahrhundert auf dem Balkan und beherrschte bis zur Seeschlacht von Lepanto (1571) das östliche Mittelmeer. Dies war der Herrscher des Osmanischen Reiches. Unter Sultan Suleiman dem Prächtigen (1520–1566) drangen die Osmanen bei eindrucksvoller Überlegenheit ihrer Reitertruppen bis nach Ungarn vor, siegten 1526 bei Mohács und belagerten 1529 erstmals Wien. Der Erfolg der türkischen Expansion spiegelt dabei nicht zuletzt ein anderes Herrschaftskonzept, das sich auf dem Balkan beispielsweise in der von den neuen Herren geduldeten Religionsvielfalt zeigte und sich insoweit von dem etwa in den Niederlanden und in Spanien grausam behaupteten Modell der Habsburger unterschied. Es kommt daher schierer Geschichtsklitterung gleich, dem Haus Habsburg die Rolle eines „Bollwerkes" in der Gemeinschaft der christlichen Mächte im Kampf gegen die angeblich grausamen Türken der Zeit anzudichten. Im Zeichen europäischer Mächterivalitäten ähnelten sich häufig die Feindbilder, die man je nach Bedarf in den Osten oder Westen projizierte. Andererseits waren die Gegner der Habsburger einander gefällige Bündnispartner, so etwa seit dem frühen 16. Jahrhundert beispielsweise Frankreich und das Osmanische Reich.

Das Wechselverhältnis von auswärtiger Politik und Reichsherrschaft des Kaisers verdichtete sich krisenhaft im frühen 16. Jahrhundert, nicht zuletzt aufgrund der Ansprüche an eine Reform der Kirche und der mit Martin Luther seit 1517 verbundenen Reformationsbewegung. In deren Durchsetzung wuchsen soziale und konfessionelle Konflikte, während auf der politischen Ebene mit der Annahme der lutherischen Lehre durch einzelne Reichsfürsten zugleich antikaiserliche Parteien und umstürzlerische Verfassungsziele im Reich aufkamen. Aufgrund der Bedrohungssituationen im Westen und Süden, dann im Ringen um Ungarn, fand der Kaiser aber immer wieder Argumente gegenüber den Reichsständen – auch gegenüber den protestantischen Reichsfürsten –, mit Erfolg um Unterstützung für seine Politik zu werben. Es gehörte zu den politischen Grundüberzeugungen Karls, nach mittelalterlicher Vorstellung die Einheit von Reich und Kirche, also ein religiös bestimmtes Kaisertum zur Sicherung der Einheit der Christenheit auch im Krisenzustand zu erhalten und zu verwirklichen. Sendungsbewußtsein allein aber genügte nicht. Die Kaiserkrönung Karls V. am 24. Februar 1530 in Bologna durch Papst Clemens VII., die erst nach massiver Politik gegen den zunächst Frankreich freundlich gesonnenen Papst möglich wurde, sollte die letzte Kaiserkrönung durch einen Papst sein. In der Folge der Reformation und der Kirchenspaltung endete das mittelalterliche Kaisertum. Kaiserkrönungen fanden künftig vorzugsweise in Frankfurt am Main statt – ohne den Segen des Papstes.

Daß Karl V. mit seinem Ideal der Einheit von Christenheit und Reich scheiterte, hat ganz unterschiedliche Gründe. Politisch ausschlaggebend war wohl das Fehlen einer „Karls-Partei" (A. Kohler) im Reich. Auch verstand er im Grunde weder das reformatorische Anliegen Martin Luthers, wie es dieser mutig auf dem Reichstag von Worms (1521) vertrat, noch die Gedanken der anderen Reformer, wenn er in deren kirchlich-theologischen Anstrengungen nur ein „Mönchsgezänk" zu sehen glaubte und folglich mit seinen eigenen Vermittlungsversuchen scheiterte. Oftmals unschlüssig in seinen Bemühungen, die konfessionellen Gegensätze zu überbrücken, akzeptierte er letztlich doch keine Kompromisse auf diesem Gebiet, lavierte also nur mit taktischem Einvernehmen mit den Protestanten und setzte schließlich – wohl zu spät, um wirklich erfolgreich sein zu wollen – auf ihre militärische Unterwerfung. In der Schlacht von Mühlberg (24. April 1547) siegte Karl über die im Schmalkaldischen Bund vereinigten protestantischen Gegner. Politischer Erfolg stellte sich aber gleichwohl für den Kaiser nicht ein. Die Zeitverhältnisse arbeiteten gegen ihn; und so prägte ihn mehr denn je Verbissenheit. So ist es vielleicht kein Zufall, sondern ein sinnfälliges Indiz, wenn in Portraits Tizians der Kaiser, der *Ritter Christi*, zusehends finstere Züge annimmt. Der politische Ausgleich zwischen den Konfessionsparteien im Augsburger Religionsfrieden (1555) war dann schon nicht mehr das Werk des Kaisers, der resigniert die entscheidenden Vermittlungen seinem bereits 1531 zum römisch-deutschen König gewählten Bruder Ferdinand überließ. Der König erwies sich konfessionspolitisch toleranter als der Kaiser. Karls Abdankung 1556 war demnach nur konsequent.

Karl V. scheiterte im Reich mit dem Bemühen, die Gesamtheit der sich konfessionell formierenden Stände in die Einheit der Kirche zurückzuführen. Seine *Monarchia universalis*, die imperiale Weltherrschaft, hätte durchaus entstehen können, sie hätte dann aber der europäischen Geschichte eine andere Richtung gegeben. Ihr 1555/56 von Karl hingenommenes Scheitern begünstigte das Entstehen eines Europa der nationalen Mächte. Das Ende des supranationalen Herrschaftsversuches in Europa gilt denn auch als „Wendepunkt" der deutschen und europäischen Geschichte (H. Schilling). Die Zukunft gehörte nicht dem universalen Konzept, sondern vielmehr setzte sich das „nationale" Kaisertum durch.

Mochte das Weltkaisertum gescheitert sein, so sicherten sich die Habsburger gleichwohl die Herrschaftskontinuität im „nationalen" Kaisertum. Die Abdankung Karls und die Kaiserwahl

Ferdinands I. noch zu Karls Lebzeiten stellten jedoch im historischen Prozeß ein Novum dar. Um den Bruch abzumildern, dankte Karl V. zunächst als Souverän des Ordens vom Goldenen Vlies ab (22. Oktober 1555), jener ehrenvollsten Adelsgesellschaft burgundisch-habsburgischer Prägung, sodann als König von Spanien (16. Januar 1556) und zuletzt am 3. August 1556 als Kaiser des Heiligen Römischen Reiches. Resigniert und gesundheitlich ruiniert zog er sich zurück ins Kloster San Jeronimo de Yuste in der spanischen Estremadura, wo er am 21. September 1558 verstarb. Sein Sohn Philipp II., Karls Nachfolger in Spanien, der seinen Vater über dessen Tod hinaus sehr verehrte, ließ ihn später im Monasterio de San Lorenzo de El Escorial, dem Pantheon der Könige, bei Madrid neben seiner Gemahlin Isabella beisetzen. Ignatius von Loyola, spanischer Gründer des Jesuitenordens, schrieb über die Abdankung Karls: „Der Kaiser gibt seinen Nachfolgern ein seltenes Vorbild." Einen Nachfolger aber konnte es in jenem abgelegten Kaisertum nicht mehr geben.

Die Weltherrschaft Karls V. war bei allem persönlichen Einsatz des Kaisers letztlich ein Produkt der Dynastie. Das Haus Habsburg verdankte seinen Erfolg im europäischen Mächtesystem dabei nicht nur seinen Männern, sondern ebenso seinen Frauen. Innerdynastische Kooperationen unter den Geschwistern erweisen – trotz zeitgleich bestehender Konkurrenzen wie Kooperationen zwischen Ferdinand und Karl – die habsburgische Dynastie als Gesamtprojekt eines Familienunternehmens. Als Statthalterinnen und Regentinnen von Ungarn, der Niederlande und Spanien ordneten sich auch die Habsburgerinnen dem Anspruch des Kaisers unter. Die Beispiele dafür sind zahlreich. Hervorzuheben ist Maximilians Tochter Margarethe: Noch minderjährig zur Ehe an den französischen Hof gegeben, dort verstoßen, dann in kurzer Folge Witwe des Infanten Johann von Kastilien/Aragón bzw. des Herzogs Philibert von Savoyen, wurde sie 1507, nach dem Tod ihres Bruders Philipp des Schönen, von Maximilian zur Statthalterin der Niederlande erhoben. Sie machte den Fürstenhof in Mecheln zum politischen, kulturellen und familiären Mittelpunkt. Fasziniert von der Politik und zugleich sensibilisiert für die Schönheiten von Literatur und Kunst, aber auch entsetzt über die in Spanien erlebten religiösen Verfolgungen, entwickelte sie ein einflußreiches Regiment zwischen akribischer Haushaltsführung und von Weitsicht geprägtem Familiensinn. Sie räumte die familieninternen und politischen Hindernisse bei der Wahl Karls zum römisch-deutschen König unter anderem mit Hilfe der Fuggerschen Darlehen aus. Nach 1519 vergrößerte Karl ihre Rechte in den Niederlanden, wo sie dem Weltkaiser als versierte Diplomatin und Ratgeberin weiterhin half. Daß sie als „Europas beste Diplomatin" bezeichnet wurde, gründet in ihrem Geschick, im Hintergrund politische Koalitionen einzufädeln, die als europäische Bündnisse Bedeutung erlangten. Als ihr Meisterstück gilt der sogenannte Damenfrieden von Cambrai zwischen dem Reich und Frankreich (1529).

In eine Reihe mit ihr als einflußmächtiger Habsburgerin gehört ihre Nachfolgerin Maria von Ungarn, die – verwitwet – 1531 zur Statthalterin der Niederlande bestellt wurde. Von Karl als „Erste Dame des Reiches" betitelt, verfolgte sie innen- und konfessionspolitisch die Linie des Hauses Habsburg konsequenter als ihre Vorgängerin. Damit aber verschärften sich auch die sozialen und religiösen Spannungen in den Niederlanden. 1555 trat sie zurück. Später bestimmte der spanische König Philipp II. die nachträglich legitimierte Tochter Karls V., Margarethe von Parma, zur Generalstatthalterin der Niederlande. Ihr ausgleichendes Regiment fand im Land viel Anerkennung, doch in den niederländischen Aufständen gegen die Herrschaft der Spanier resignierte sie schließlich, da sie zwar die Macht der Stände zurückdrängen, nicht aber den absolutistischen Einheitsstaat Philipps durchsetzen konnte.

Über mehrere Jahrzehnte sicherten Statthalterinnen die europaweite Herrschaft der Habsburger. Ihr Regiment war keine Ersatzlösung. Von Maximilian bis Karl, der seiner Gemahlin Isabella und seiner Tochter Maria zeitweilig auch die Regentschaft in Spanien überließ, gehörte es zur Herrschaftspraxis, Mitglieder der Familie als Repräsentanten in den Teilherrschaften einzusetzen und an die kaiserliche Direktive zu binden. Sie wirkten als kalkulierbare Faktoren der Europäisierung des Hauses Habsburg und seines Reichs. Dieser Anspruch habsburgtreuen Agierens erhielt sich über den Tod Karls hinaus, und er blieb – auch in Zeiten der Teilungen des Gesamthauses – ein Merkmal der Dynastie.

IV. Geteilte Großdynastie:
Familienraison und Staatsmacht
in der Frühen Neuzeit

1. Die Linien Österreich und Spanien
im 16. und 17. Jahrhundert

Das 16. Jahrhundert gilt als das „Jahrhundert der Habsburger"; und dazu gehört die Teilung der Dynastie seit der Jahrhundertmitte in die spanische und die österreichische Linie. Mit dem Tod Karls V. am 21. September 1558 wurde die schon 1521 eingeleitete und 1550/51 neuerlich definierte Teilung der Dynastie endgültig. Von da an regierten zwei Linien das habsburgische Gesamtreich, angeführt hier von Kaiser Ferdinand I. und dort von König Philipp II. von Spanien.

Um den Rechtscharakter der Dynastie trotz der Teilung als den eines Gesamthauses zu sichern, mußten die Mitglieder beider Linien diese Einheit in innerfamiliären Verbindungen – also durch Staatsheiraten – dokumentieren und untermauern. Daneben verselbständigte sich aber die österreichische Seite in weiteren Haus- und Landesteilungen für einige Jahrzehnte. Die eine wie die andere Entwicklung ist in der Geschichte des 16./17. Jahrhunderts gleichermaßen beachtenswert, denn beide zeigen typische Mechanismen dynastischer – weniger staatlicher – Machtpolitik im Zeitalter der Formierung neuer Großmächte an. Zugleich bestimmten jene dynastischen Konstellationen mittelbar auch das Verhältnis zwischen dem Reich und Österreich bzw. zwischen Spanien und dem Reich.

Zunächst zur österreichischen Seite: Kaiser Ferdinand I., 1503 geboren, seit 1531 römisch-deutscher König, erbte gemäß den

Eheverträgen von 1515 nach dem Tod Ludwigs (1526) dessen ungarisches Königreich und wurde anschließend auch zum böhmischen König gewählt. Hier wirkte er nicht nur in Konfessionsfragen als ein Mittler zwischen dem Anspruch des Kaisers und dem der Böhmen. Er starb am 25. Juli 1564. Bereits 1554 hatte er seine Erbfolge in den österreichischen Ländern in der Weise zwischen seinen 3 Söhnen geregelt, daß Maximilian, seit 1562 böhmischer und auch römisch-deutscher König, die österreichischen Länder sowie Böhmen und Ungarn, Ferdinand Tirol und die Vorlande und Karl Innerösterreich, also Steiermark mit Kärnten, erhielten. Jede dieser neuen Linien baute ihre jeweiligen Landesherrschaften in Zukunft nach zwei Hauptanliegen aus: Steigerung des dynastischen und fürstlichen Ansehens im Ausbau der Residenzen und Höfe in Wien, Graz und Innsbruck sowie wachsende Abweisung des Protestantismus zur Stärkung ihrer eigenen landesherrlichen Souveränität. Mit der konsequenten Stärkung der katholischen Konfession seit dem Trientiner Konzil (1545–1563) verband sich in Zukunft wesentlich das Herrschaftsverständnis der habsburgischen Regenten. Die Umsetzung dieser Konfessionspolitik rief gleichwohl auch innerdynastische Widersprüche hervor, insbesondere zwischen Ferdinand I. und Erzherzog Maximilian, dem künftigen Kaiser Maximilian II. (1527–1576).

Derartige Konflikte auf dem Weg von der „Einheit der Kirche zur Mehrheit der Konfessionen" (H. Rabe) waren nicht peripher, sondern sie besaßen für das Verfassungsleben im Reich sogar erhebliche Bedeutung, da die Konfession des Kaisers darauf Einfluß hatte. Die Bindung der Habsburger an die erneuerte Katholische Kirche gründete in der Tradition des Kaisertums und dessen dauerhafter Vereinahmung für das Herrschergeschlecht. Dieses politische Moment verband sich zum Ende des Jahrhunderts konfliktträchtig mit der dynastischen Situation in den österreichischen Linien, als deren Aussterben mit dem Ausbleiben männlicher Erben abzusehen war. Nach dem Kaisertum Maximilians II. wuchsen sich dann die grundsätzlichen Rivaliäten zwischen Kaiser Rudolf II. (1552–1612) und seinem Bruder, Erzherzog Matthias, auch im Reich zu einer offenen Krise aus. Der „Bruderzwist" gehört zur Vorgeschichte des Dreißigjährigen Krieges.

Im Zeichen verstärkter gegenreformatorischer Interessen geriet Kaiser Rudolf – zumal über die Frage der Böhmischen Konfession – und dann auch aufgrund erkennbarer persönlicher Schwächen in Opposition zu seinem energischeren Bruder, Erzherzog Matthias. Im Zentrum stand Böhmen. Als Rudolf, der inzwischen mit dem kaiserlichen Hof von Wien nach Prag übergesiedelt war und die Stadt an der Moldau glanzvoll als europäische Metropole mit berühmten kunsthistorischen und wissenschaftlichen Sammlungen ausgebaut hatte, sich zunehmend weltabgewandt, schließlich geisteskrank zeigte, erlangte Matthias über verschiedene Ränke die Statthalterschaft über Rudolf. Dann eskalierte nach 1600 der Konflikt, als Matthias sich zunächst zum Oberhaupt der habsburgischen Familie erklären ließ und bald den politisch isolierten Rudolf zwang, auch seine Herrschaft in Böhmen und Österreich an ihn abzutreten. 1608 verbündeten sich die österreichischen, ungarischen und mährischen Stände gegen Rudolf mit Matthias, wofür er ihnen im Gegenzug ihre Konfessionsrechte erneut bestätigte. Doch Rudolf war nicht bereit, seine Entmachtung über den für Böhmen wesentlichen Majestätsbrief von 1609 zu akzeptieren. Schließlich mußte er sich aber der militärischen Überlegenheit seines Bruders in Böhmen und im Reich beugen. Der bloßgestellte Kaiser dankte daraufhin ab. Wenig später verstarb Rudolf II., am 20. Januar 1612.

Matthias, seit 1608 bereits auch ungarischer König, wurde noch im Jahr 1612 zum Kaiser gewählt. Dies war nicht selbstverständlich, da Rudolf bewußt keine Vorkehrungen zur Sicherung der Nachfolge des von ihm abgelehnten Matthias getroffen hatte. Die Kaiserkrone verdankte Matthias dem Verhandlungsgeschick seines Hauptratgebers, Kardinal Melchior Khlesl, der künftig auch die kaiserlichen Staatsgeschäfte stark beeinflußte. Zusammen mit ihm forcierte Kaiser Matthias eine deutlichere Rekatholisierungspolitik im Reich und in Böhmen, wo sich die konfessionellen Gegensätze nun verschärften. Schließlich leitete der Kaiser auch die Rückverlegung des Hofes von Prag nach Wien als Hauptresidenz ein. 1619 verstarb der Kaiser, ohne männliche Erben zu hinterlassen. Damit erlosch diese österreichische habsburgische Linie, deren Länder an die steierische Linie fielen, aus der dann der nächste Kaiser hervorging.

Als Erzherzog Ferdinand 1619 zum Kaiser gewählt wurde, nun Ferdinand II., bedeutete das einen hausinternen Linien- und Generationswechsel im Kaisertum. Ferdinand agierte konfessionell entschieden gegenreformatorisch und sehr konsequent für das Anliegen der katholischen Reform der Kirche im Reich sowie in Österreich und in Böhmen. Im Gegensatz zu seinem Vorgänger schreckte er dabei auch vor militärischen Lösungen nicht zurück. Im Widerstand dagegen kam es zumal in Böhmen zu einer Ständerevolution, deren Niederschlagung das Habsburger Reich zeitweilig in seinen Grundfesten erschütterte. In der Schlacht am Weißen Berg besiegten die Habsburger die böhmische Opposition (8. November 1620). Damit aber verschärften sich zugleich die großen konfessionellen Gruppenbildungen unter den europäischen Mächten, so daß der Konflikt auf anderer Ebene im Dreißigjährigen Krieg weiterging.

Währenddessen überzog Ferdinand Böhmen mit einem großen Strafgericht und setzte brutaler denn je die Gegenreformation in Böhmen durch. Zugleich wurde Böhmen nun staatsrechtlich in den Verband des habsburgischen Erbkönigtums eingegliedert, wonach den Ständen ein Wahlrecht nur für den Fall des Aussterbens des Hauses Habsburg zugestanden wurde. Eine lange Phase der Provinzialisierung Böhmens in der Habsburger Monarchie begann.

Seinem gleichnamigen Sohn und Nachfolger hinterließ Ferdinand II. bei seinem Tod (1637) eine schwierige politische Situation, in der der Krieg den Krieg ernährte und das Reichsoberhaupt zusehends die Chancen einbüßte, gegen die europäischen Konkurrenten angemessen zu agieren. Das Kaisertum war sichtlich überfordert.

Ganz anders verlief in dieser Zeitspanne die Geschichte der spanischen Habsburger, der *los Austrias*. Dieser Linie des Gesamthauses gelang es, die Einheit des Herrschergebietes von den Niederlanden über Italien bis Spanien, ja bis nach Amerika zu erhalten und den Vorrang Spaniens in Europa konsequent auszubauen. Dabei bestand die Gesamtheit der spanischen Reiche rechtlich allein in der Person des Herrschers, woraus denn auch ein starker Zentralismus in der Herrschaftsführung resultierte.

Philipp II. (Lebenszeit: 1527–1598), in dessen Zeit als Herrscher die bisherige Hauptrolle Kastiliens in der spanischen Politik, Wirtschaft und Kultur noch einmal anwuchs, führte den Hegemonialkonflikt mit Frankreich weiter und behauptete nach dem Sieg in der Seeschlacht von Lepanto (1571) gegen die Osmanen und nach der brachial bewerkstelligten Einbindung des Königreichs Portugal in den Machtbereich der spanischen Krone (1580) den imperialen Anspruch. Es war die Zeit des staatlichen Patriarchats einer absolutistischen Bürokratie und bald auch unerbittlicher Orthodoxie. Diese Situation ist von der Persönlichkeit des Monarchen ebenso wenig abzulösen wie der entsprechend distanzbewußte Repräsentationsstil, den Philipp 1548 mit dem burgundischen Hofzeremoniell einführte. Um die Einheit von Königreich und Christenheit weiter zu bewahren, war Philipp aus Pflichtbewußtsein heraus bereit, größte Opfer zu verlangen und zu erbringen. Das Schicksal des Infanten Don Carlos, mehr noch aber die Kriege in den Niederlanden, die Verfolgungen von Juden und anderen religiösen Minderheiten, schließlich die großen Vertreibungen der Mauren aus Spanien (1609) verleihen der Herrschaft der spanischen Könige jener Epoche intolerante, ja despotische Züge. Auch nahmen sie wiederholte landesinterne Aufstände in Kauf, um die religiöse und die politische Einheit zu sichern. Spanien vollzog darüber gezwungermaßen auch immer stärker eine kulturelle Sonderentwicklung.

Das 17. Jahrhundert wurde für Spanien dann mehr und mehr zu einer Zeit des Niedergangs, dessen Umstände die Forschung bislang angemessen, aber mehr als dessen Ursachen ausgeleuchtet hat. Philipp III. (Regierungszeit: 1598–1621) und Philipp IV. (Regierungszeit: 1621–1651) entwickelten kaum eine tatsächliche politische Kurskorrektur und sahen sich mehr denn je mit den Problemen des Regionalismus konfrontiert, hielten freilich an der dynastierechtlich begründeten politischen Nähe zum Kaiser fest.

In der zweiten Jahrhunderthälfte veränderten sich die außenpolitischen Konturen. Der Abfall Portugals (1640) und der Niederlande (1648) von der spanischen Herrschaft und die Erfolge der englischen und französischen Expansionspolitik bewirkten das Ende spanischer Vorherrschaft auf dem Kontinent und auf dem Atlantik. Zudem wiederholten sich – trotz der Silberzufuhr aus Amerika – die Staatsbankrotte, und es kam zu Aufständen von Neapel über Sizilien, Andalusien bis Katalonien, so daß sich die Monarchie mehrfach am Rand ihrer Auflösung befand. Dekadenz gehörte auch zum Goldenen Zeitalter Spaniens. Die künstlerisch glanzvolle Schaffensperiode – geprägt von Genies wie Cervantes, Lope de Vega, El Greco oder Velázquez – überdeckt insoweit die aufbrechende Krise der spanischen Großmacht und des absolutistischen Herrschaftsanspruchs seiner Könige.

Dann änderten sich nicht zuletzt mit dem Ausgang des Dreißigjährigen Krieges die europäischen Mächteverhältnisse zugunsten Frankreichs. Jetzt kam es auch zur ersten Staatsheirat zwischen dem französischen und dem spanischen Königshaus. Gemessen an der Tradition der Ehen zwischen den spanischen und den österreichischen Habsburgern bedeutete dies einen Systembruch. Aus dieser Staatsheirat gewann der französische König direkte Erbansprüche auf das spanische Königreiche, als der letzte spanische Habsburger verstarb, ohne männliche Erben zu hinterlassen. Am Endes des 17. Jahrhunderts traten dann österreichische Habsburger und Bourbonen aus gleichgearteten erbrechtlichen Ansprüchen gegeneinander in den sogenannten Spanischen Erbfolgekrieg ein.

2. Österreich und das Reich:
Große Kriege und das Werden der Donaumonarchie

Das 17. Jahrhundert wird in der Fachliteratur auch als das „Eiserne Jahrhundert" bezeichnet, was aber nur eine beschönigende Umschreibung für ein Jahrhundert „Großer Kriege" in Europa ist: In der ersten Hälfte grassierte der Dreißigjährige Krieg, und in der zweiten Hälfte führten das Reich und Österreich jahrzehntelang Krieg gegen die Türken und kämpften im Spanischen Erbfolgekrieg. Am Ende dieser großen Kriegsepoche steht ein neues europäisches Staatensystem gleichberechtigter Mitglieder, ein verfassungsrechtlich neuformiertes Reich und eine neue Großmacht Österreich.

Der Dreißigjährige Krieg war ein „europäischer Staatenbildungskrieg" (B. Kroener), zugleich aber ein Religionskrieg und Verfassungskonflikt zwischen dem Kaiser und den teils katholischen, teils protestantischen Reichsfürsten. Der Krieg war im Kern verursacht worden sowohl durch religiöse als auch durch politische Gegensätze, nachdem für das Heilige Römische Reich deutscher Nation im sogenannten Augsburger Religionsfrieden seit 1555 der Grundsatz galt, daß die Konfession des Landesherrn auch die seiner Untertanen sei (cuius regio eius religio). Die Konfession wurde also an das Staatsgebiet zur Stärkung des Souveräns gebunden. Um dieses Prinzip zu realisieren, wurde religiöse Intoleranz zu einem Politikum, wanderten Glaubensflüchtlinge – zumeist Protestanten – aus Böhmen und Österreich ab, wo man sie verfolgt hatte, und es bildeten sich konfessionelle Lager im Reich, während sich innerhalb und außerhalb des Reiches Kriegsfronten auf immer größeren Schlachtfeldern aufbauten.

Der Dreißigjährige Krieg, eigentlich eine Reihung europäischer Kriege, warf den Kontinent Europa in seiner bisherigen Entwicklung um ein Jahrhundert zurück und führte zu einer der größten demographischen Katastrophen der Neuzeit. Er endete am 24. Oktober 1648 im Frieden von Münster und Osnabrück in einem großen diplomatischen Friedenswerk; man spricht daher vom „Westfälischen Frieden". Mit diesem Friedensschluß wurden die Schweiz und die Niederlande völkerrechtlich unabhängig vom Reich. Sie schieden – nach beinahe jahrhundertelangem Konflikt – endgültig aus dem Verband des Reiches und auch aus der Herrschaft der Habsburger aus. Die territorialpolitische Signatur des Reichs wandelte sich zur gleichen Zeit durch den Aufstieg Brandenburg-Preußens, womit sich zudem das Verhältnis zwischen Österreich und dem Reich veränderte.

Der „Westfälische Frieden" bedeutete auch verfassungsrechtlich für das Reich eine Zäsur, denn der Kaiser, weniger das Kaisertum, vermochten daraus neue Vorteile zu ziehen. Zunächst wurde die politische Eigenständigkeit, die Souveränität der einzelnen Landesherren gestärkt. Das Zeitalter des Absolutismus begann. Ferner verlieh die zur Mitte des Jahrhunderts erreichte territoriale Wiedervereinigung der österreichischen Erbländer dem Kaiser als Landesherrn innerhalb des Reichsverbandes größeres Gewicht. Zugleich wurde der Kaiser als Reichsoberhaupt und damit als politisches Zentrum des Reiches aufgewertet, woraus ihm neues Ansehen, verbunden mit einem erstarkenden Reichspatriotismus zuwuchsen. Für Österreich setzte damit eine Entwicklung ein, die als „Herausentwicklung aus dem Reich" (E. Kovacs) oder – aus anderer Perspektive – als „Deutschwerden des Reiches" (A. Schindling) beschrieben wird. Damit ist nicht zuletzt gemeint, daß die Habsburger stärker den Südosten zur Ausdehnung ihres Herrschaftsbereiches nutzten. Überspitzt formuliert, markiert der „Westfälische Friede" von 1648 vielleicht einen Wendepunkt von der kaiserlichen, bislang eher nach Westen ausgerichteten, zu einer zukünftig deutlicher österreichischen und von hier auf den Balkan hin ausgerichteten Politik. Daraus ergab sich eine neue Wechselwirkung zwischen Österreich und dem Reich. Die Habsburger profitierten von den neuen Möglichkeiten des Kaisers, und umgekehrt zog auch das Reich neuerlich Ansehen und neue Stabilität aus dem Agieren der kaiserlichen Habsburger. Das Verhältnis von Kaiser und Reich zeichnete sich eher durch ein Nebeneinander als ein Gegeneinander von Unvereinbarkeiten aus, wobei der Kaiser bald deutlicher als „Herrscher der entstehenden Großmacht" (H. Klueting) hervortrat.

Zugleich nutzten die Habsburger ihr eigenes Verbindungsnetz wirksamer als in der Vergangenheit. Sie hielten noch bewußter ihre dynastischen Beziehungen aufrecht, vorzugsweise zu den katholischen Fürstenhäusern bzw. über die Reichskirche in die zahlreichen Bistümer und Abteien hinein oder zu den kirchlichen Ordensgemeinschaften, und da nicht nur zu den Jesuiten. Die vernetzten Strukturen von Kaiserhof, Militär und Reichsverwaltung erleichterten die Pflege von Beziehungen, da der Reichsadel wie auch der böhmische und österreichische Adel dort neue und einträgliche Karrieremöglichkeiten antraf. Auch setzte eine Europäisierung der Aristokratie in den einzelnen Teilen des Habsburger Reiches ein. Bedeutende Adelsfamilien wie die Häuser Schönborn, Salm, Kaunitz, Lobkowitz und Schwarzenberg wirkten beispielhaft in diesem Netzwerk. In einem derartigen Geflecht verschwammen zugleich die Grenzen zwischen Monarchie und Reich, und in diesem Prozeß trat Wien künftig noch stärker als Schnittstelle zwischen dem Reich und Österreich hervor. Wie in der Vergangenheit blieben deutsche und österreichische Geschichte auch weiterhin noch vielfach miteinander verflochten.

Der Aufstieg Österreichs zu einer der europäischen Großmächte am Ende des 17. Jahrhunderts resultierte insoweit also aus dem Wandel der Reichsverfassung. Zugleich aber verdankt die Dynastie ihren Erfolg der von ihr verfochtenen imperialen Ideologie (I. W. Evans), die dank der konsequent durchgesetzten Gegenreformation der vielgliedrigen Habsburgmonarchie zu einer Einheit verhalf, die als „Weltmacht des Barock" alle Teile der Gesellschaft vielförmig betraf und einbezog.

Ein weiterer Faktor ihres Aufstiegs waren die militärischen Erfolge der österreichischen Armee in den Ungarn- und Türkenkriegen, die der Kaiser nun offensiver als in der Vergangenheit mit Unterstützung aus dem Reich führte. Diese Kriege galten dabei dem erklärten Glaubensfeind. Die Höhepunkte bildeten zunächst die Belagerung Wiens durch die Türken 1683 – ein Debakel für die gesamte Monarchie, das von inneren Unruhen begleitet war. Doch die Belagerung Wiens mißlang den Türken. Dann folgte in der Schlacht am Kahlen Berg (12. September 1683) unter dem Befehl des polnischen Königs Johann III. Sobieski, der die alliierten Armeen an der Seite des Kaisers führte, der Sieg für Österreich und das Reich. Weitere erfolgreiche Kriege gegen die Türken führte der Kaiser in der „Heiligen Liga", zu der sich der Habsburger, Papst, Polen und Venedig verbündet hatten. 1668 eroberten die kaiserlichen Truppen Budapest. Weitere militärische Erfolge für das Habsburgreich errang in der Folgezeit Prinz Eugen von Savoyen, womit abermals territoriale Gewinne bis nach Siebenbürgen erzielt wurden, die im Frieden von Karlowitz (26. Januar 1699) bestätigt wurden. Die Kriege bis 1718 führten dann mit der Eroberung Belgrads zur größten Ausdehnung des Habsburger Reiches auf dem Balkan.

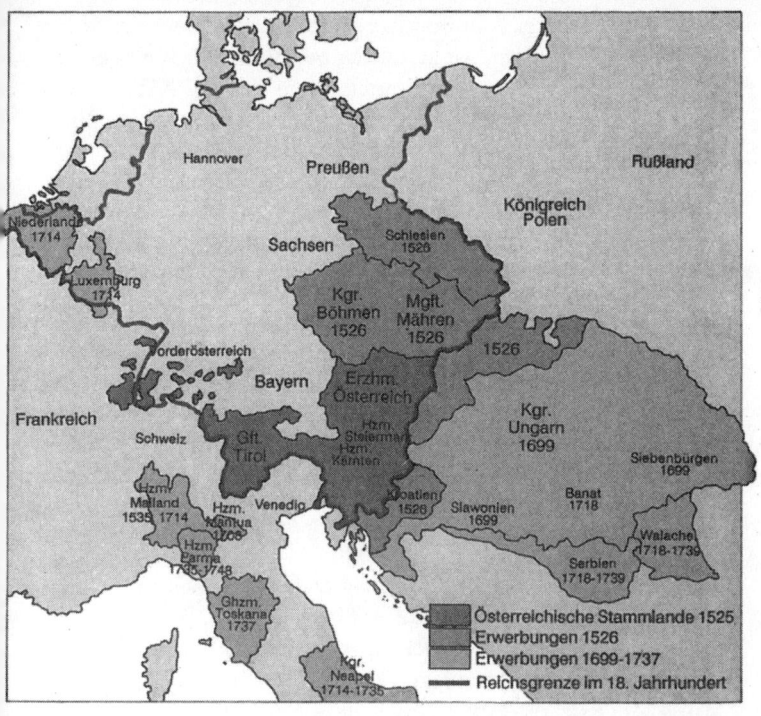

Österreichische Stammlande 1525
Erwerbungen 1526
Erwerbungen 1699-1737
Reichsgrenze im 18. Jahrhundert

4 Die Großmacht Österreich im 18. Jahrhundert.

Insgesamt zeigte sich in all diesen Siegen über den alten ‚Erb-
feind der Christenheit‘ auf dem Balkan noch einmal die lange
vergessene imperiale Größe des Kaisertums vor allen anderen
europäischen Mächten.

Die militärischen Erfolge und Gebietsgewinne formten die
Großmacht Österreich und stärkten die Dynastie als deren wesentliche Klammer. Der ungarische Reichstag anerkannte 1687
das Erbrecht für die Habsburger im Königreich. Damit herrschte
nun in Ungarn dieselbe staatsrechtliche Situation wie in Böhmen. Die Dynastie war zum dominierenden Staatsprinzip geworden und die Donaumonarchie in allen Teilen zum Besitz der
Habsburger.

Der Kaiser, Österreich und das Reich führten außer den Kriegen gegen die Türken fast zeitgleich mit diesen auch Kriege gegen Frankreich, das – zumal unter König Ludwig XIV. – seine Expansion nach Norden und Osten auf Kosten des Reichsgebietes vorantrieb. Zeitweilig führten der Kaiser und das Reich parallel Kriege im Westen des Reiches und auf dem Balkan. Entscheidend für das Habsburgreich wurde, daß Frankreich im Frieden von Rijswijk (1697) seine vormaligen Eroberungen westlicher Reichsgebiete aufgab. Ursache dafür war, daß der Erbfall des Königreichs Spaniens bevorstand, wodurch freilich Frankreich und Habsburg neuerlich im Streit um die Hegemonie zu Gegnern im bereits erwähnten Spanischen Erbfolgekrieg wurden.

Am 1. November 1700 starb der letzte König aus der spanischen Linie des Hauses Habsburg. Auf Grund der zwischen der spanischen und österreichischen Linie des Gesamthauses geltenden Familien- und Erbverträge reklamierten die österreichischen Habsburger die Erbschaft uneingeschränkt für sich. Doch gleichfalls aus dynastischen Rechten machte das französische Königshaus seinerseits Ansprüche auf das Erbe geltend. Beide Parteien hielten fest an ihren Ansprüchen, selbst unter Einsatz von Intrigen, die bis ans Krankenlager König Karls II. reichten, dessen Wunsch es war, die Einheit der spanischen Monarchie zu erhalten. Nicht zuletzt deswegen bestimmte er noch kurz vor seinem Tod den Enkel des französischen Königs, Philipp von Anjou, testamentarisch zu seinem Nachfolger auf dem spanischen Königsthron.

Der Spanische Erbfolgekrieg gilt in der Forschung als ein typisches Beispiel dafür, wie aus Staatsheiraten dynastische Großreiche entstanden und aus mehrfach verschachtelten Interessen der Königshäuser weitgreifende europäische Kriege resultierten. In diesem Fall setzte sich in Spanien letztlich der Bourbone gegen den Thronanwärter der Habsburger, Karl III., durch, der zeitweilig Barcelona zu seiner Hauptstadt gemacht hatte. In diesem Krieg ging es aufs Ganze gesehen um die erneute Durchsetzung der politischen Leitidee vom Gleichgewicht der führenden Mächte in Europa. Das Resultat des Krieges, in dem Österreich seine

Ansprüche militärisch durchfocht und sie sich im Frieden von Rastatt (1714) bestätigen ließ, war die Teilung des spanischen Erbes, in der Philipp das Königreich Spanien und Kaiser Karl VI. die italienischen und niederländischen Besitzungen der spanischen Habsburger erhielten.

Am Ende dieses Zeitalters der „Großen Kriege" hatte sich das „alte" Europa endgültig zu einem Staatensystem konkurrierender Mächte gewandelt und damit auch der mittelalterliche Begriff von der Christenheit als Ausdruck der Einheit in der Vielheit politischer Reiche endgültig ausgedient. Im bevorstehenden Zeitalter der Großmächte verfügte das Haus Habsburg über den vielleicht ansehnlichsten Machtkomplex in Europa, der sich vom Balkan über Ungarn und Böhmen, Oberitalien und die Alpenländer bis in die Niederlande erstreckte. Mehr als Hälfte dieses Staatsgebietes lag dabei außerhalb des Reiches.

3. Habsburgischer Glanz, barockes Wien und spanisches Zeremoniell

Die momentane Schwäche der Dynastie nach dem Tod Kaiser Ferdinands III. (1657) und König Ferdinands IV., der 1654 bereits vor seinem Vater verstarb, endete 1658 in der Kaiserwahl Leopolds (1640–1705). Dieser und seine ihm im Kaisertum folgenden beiden Söhne, Joseph I. (1678–1711) und Karl VI. (1685–1740), verbanden außenpolitischen Erfolg und Herrschaftsideologie in einzigartiger Weise. Die Habsburger Monarchie erhielt durch sie buchstäblich ein neues Gesicht, wie es ihre Residenzen und ihre mehr denn je dynastiebezogene Hofkultur zeigen.

Wien war bis dahin nicht die Hauptstadt des Heiligen Römischen Reiches. Zuallererst war Wien Hauptstadt des Erzherzogtums Österreich, dann erst Hauptstadt des habsburgischen Länderkonglomerats. Neben der Stadt an der Donau waren in der Vergangenheit von Innsbruck bis Graz und von Prag bis Brüssel jeweils eigene Residenzstädte als Ausdruck ungeschmälerten Selbstbewußtseins der verschiedenen Habsburger Regenten ausgebaut worden. Nach dem Ende der habsburgischen Teilungsperiode und dem Zugewinn von Herrschaftsgebiet auf dem Balkan kam Wien in eine günstigere Mittellage im Reich und wurde vorrangige höfische Metropole. Die Zeit der Festungsstadt ging zu Ende. Die Etablierung zentraler Behörden, eines Hofadels und eigener Festkultur förderten die Entwicklung der Hauptstadt Wien, deren Bevölkerung in diesem Prozeß gleichfalls eine andere wurde. Unter dem Eindruck ihres außenpolitischen Erfolges bauten die Kaiser Leopold I., Joseph I. und Karl VI. Wien nach den neuen Ansprüchen der Dynastie um und ließen nach den Plänen führender Baumeister und Künstler eine Kaiser- und Residenzstadt als ein architektonisches Gesamtkunstwerk entstehen, das mit habsburgischem Glanz im barocken Wien bis heute beeindruckt.

Wie mit ihren Kriegen, so rivalisierten damals die Monarchen zugleich mit ihren prestigeträchtigen Palästen. Zunächst führte Madrid mit dem immer wieder erweiterten Escorial-Palast, dann holten die Kaiser mit der Residenz in Prag auf, und erst nach 1700 wuchs der führende Rang allmählich Wien zu, weil man dort in Konkurrenz mit dem französischen „Sonnenkönig" mithalten wollte. Ludwig XIV. hatte mit dem Ausbau des prächtigen Schlosses und der Gärten von Versailles neue Maßstäbe gesetzt. Und die Antwort der Habsburger darauf hieß Wien und Schönbrunn.

Der Ausbau von Schloß Schönbrunn geht unter anderem auf den berühmten Barockbaumeister Johann Bernhard Fischer von Erlach zurück. Die außerhalb der Stadt errichtete monumentale Anlage, umgeben von einem großartigen Park, öffnete die bisherige Stadtlandschaft zur Demonstration absolutistischer Macht. Die in der Innenstadt gelegene Hofburg, im Kern eine mittelalterliche Anlage, wurde – zumal nach dem Brand von 1688 – wieder erweitert: Der Leopoldinische Trakt und der prächtige Reichskanzleipalast mit den Wohnräumen des Kaisers kamen hinzu. Die Räume der Kaiserin befanden sich im benachbarten neuen Amalienpalast. Die Ansprüche höfischen Lebens verlangten in der Folgezeit weitere Prestigegebäude wie die Winterreitschule und die Hofbibliothek. Den unbestrittenen architektonischen Höhepunkt des barocken Um- und Ausbaus der Stadt markiert freilich der Neubau der Wiener Karlskirche. Diesen mächtigen

Sakralbau ließ Karl VI. nach 1713 anläßlich einer verheerenden Pest errichten. Im barocken Bau- und Stilprogramm der Kirche orientierte sich der Kaiser an den alten Ideen der Universalmonarchie Kaiser Karls V., um darin zugleich den Erfolg des Katholizismus zum Ausdruck zu bringen. Die imponierenden Säulen beiderseits des Hauptportals und der übermächtige ovale Kuppelbau geben davon beredtes Zeugnis. Aus demselben Anspruch heraus entstanden im Land großartige Klosterbauten, wie Kloster Melk über der Donau, Klosterneuburg und Stift Göttweig. Die Absicht Karls VI., Klosterneuburg nach dem Vorbild des spanischen Königspalastes, dem Escorial, zu einer Art „Klosterresidenz" auszubauen, scheiterte am fehlenden Kapital. Manches gedieh niemals über den Plan hinaus, manches gelang in großartiger Ausführung.

Doch nicht allein der Kaiser ließ in Wien bauen. Neben zahlreichen neuen barocken Kirchen- und Klosterbauten entstanden bemerkenswerte Paläste, darunter der des Erzbischofs am Stephansplatz, der Fürsten Lobkowitz oder Lichtenstein im inneren Kreis der Stadt. In den Vorstädten schließlich ließ der berühmte Prinz Eugen von Savoyen das kaiserliche Lustschloß Belvedere, einen Komplex von zwei Schlössern mit terrassenförmig dazwischen angelegtem Garten, durch Lukas von Hildebrandt bauen. Im – steuerbegünstigten – Wiener Bauboom jener Jahrzehnte schufen sich so führende Adelsfamilien aus der Monarchie und aus dem Reich eine Residenz in der Nähe des Kaisers. Wien war zur Kaiserstadt geworden.

Unübertroffen wirkten die Habsburger zugleich als Mäzene bei der Förderung und Pflege spezifisch barocker katholischer Frömmigkeit und Architektur. In ihren kirchlichen wie profanen Bauten überformte die Dynastie auf diese Weise das weite, in Teilen selbständige Länderkonglomerat ihrer Herrschaft als *Monarchia Austriaca*.

Demnach kam jenen Bauwerken weitergehend die Bedeutung einer Bühne zu, auf der das höfisch Leben in der Art einer Theateraufführung inszeniert wurde. Reichtum galt es zu zeigen, aber doch so, daß in dieser Demonstration der Rang des Hofes, der Dynastie und ihre spezifische Majestät erkennbar wurden. Dazu gehörte auch eine verfeinerte Sprache der Zeichen, sei es in der Körperhaltung, der Mode, sei es im Umgang der sozialen Ränge miteinander. Das Zeremoniell war für Politik und Kultur gleichermaßen wichtig. Die Habsburger Dynastie, insbesondere der Kaiser, boten hierin ein Vorbild. Der heutige Zeitgenosse mag der vermeintlich steife Umgang an den Höfen jener Zeit lächerlich erscheinen. Tatsächlich aber gehörte das strikt beachtete Zeremoniell zum Wesen der Herrschaft der höfischen Gesellschaft. Es ist ihre Form der Disziplin gewesen. Adels- und Amtstitel leisteten die organisatorische Einbindung aller Personen in den Hofstaat, in dem letztlich bis zum Kaiser die Gesamtordnung der Gesellschaft und der Herrschaft gesichert wurde. Die Festigkeit des Zeremoniells beugte mithin Änderungen in der sozialen Ordnung vor und sicherte letztlich die Unantastbarkeit des Kaisers, des obersten Garanten der sozialen Ordnung und des Friedens.

Die Habsburger wurden zunächst mit dem burgundischen, dann dem „spanischen Stil" zu Zeremonienmeistern Europas. Sie entwickelten aus den Umgangsformen des burgundischen Hofes ein förmliches System, durch welches das höfische Zeremoniell bewußt in die Nähe kirchlich ritueller Handlungen gerückt wurde: bei Tisch das förmliche Handwaschen, der Serviettenkuß, die demütige Haltung der Diener – Spiegel der Meßfeier. Der Anspruch des Zeremoniells war entsprechend umfassend. Es formte und prägte den alltäglichsten Umgang bei Hof und verlangte zwangsläufig eine zahlreiche Dienerschaft. Ebenso überformte das Zeremoniell die persönlichen Kontakte: Kniebeuge, Handkuß und Verneigung, der Flüsterton in der Audienz, das Rückwärtsgehen beim Verlassen des Raumes wurden als „spanische Reverenz" vorbildgebend. Auf diese Weise wurde insgesamt ein Muster regulierter Distanz zwischen Kaiser, Hof und übriger Gesellschaft zur Wirkung gebracht.

Andererseits verlangte die Herrschaftsrepräsentation aber auch Nähe. Dazu suchte die Dynastie sehr bewußt nach Gelegenheiten, in aufwendig inszenierten Theater-, Karnevals- und Gartenfesten sich selbst als Mittelpunkt der Adelswelt zu zeigen. Die Dynastie inszenierte sich zunehmend selbst. Dazu trat sie, begleitet von Musik und Feuerwerk, anläßlich Wahl-, Krönungs-

und Hochzeitsfeiern auch vor einem größeren Publikum mit öffentlichen Speisungen und Belustigungen auf, wie es Berichte von den Frankfurter Kaiserfeiern belegen.

Auch wußte keine Dynastie besser den Tod der Mächtigen zu ihrer Sache zu machen. Aus barocker Frömmigkeit und dynastischer Herrschaftsstilisierung entwickelten die Habsburger ihren pompösen wie einnehmenden Begräbniskult. Den Mittelpunkt dafür bildete unter Einbeziehung des gesamten Landes ihre bereits erwähnte zentrale Grablege in der Wiener Kapuzinerkirche. Seit dem frühen 17. Jahrhundert fanden nahezu alle Mitglieder der Dynastie in dieser Gruft ihre letzte Ruhestätte. Berühmt wurden die kulissenreichen Prozessions- und Leichenzüge durch Wien zu diesem Ort und schließlich der legendäre Überführungsritus in die innere Begräbnisstätte mit dem dreimaligen Anklopfen, ehe dem Habsburger der Weg zu seiner letzten Ruhestätte freigegeben und das Tor zur Ewigkeit geöffnet wurde. Der Mythos von der „immerwährenden" Dynastie als Teil ihrer eigenen Erinnerungskultur wurde hier in der Gegenwart der verstorbenen Ahnen bei jeder Gelegenheit sinnfällig veranschaulicht.

4. Staatsheiraten und das Erbe Maria Theresias

Nicht von höfischem Glanz, auch nicht von militärischen Siegen allein, sondern vor allem vom Weiterbestand der Dynastie hing die Existenz des Hauses Habsburg und ihrer Herrschaft ab. Deshalb hatten sich österreichische und spanische Habsburger immer wieder in innerfamiliären Ehen verbunden, um so die Rechtsposition des Gesamthauses und den politischen Anspruch des Doppelreiches zur Stärkung des Katholizismus in Europa zu untermauern. Der Ausdruck „Staatsheiraten" ist für diese Praxis und die daraus hervorgehenden dynastischen Verbindungen die angemessene Bezeichnung. Die Heiraten zwischen den Königshäusern glichen im Zeitalter absoluter Herrschaftsansprüche komplizierten Staatsakten, da Mitgiften sich etwa gegen Kriegsentschädigungen aufrechnen ließen und sich „Betriebskapital" nach dynastiepolitischem Kalkül verzinsen konnte. Ehediplomatie wurde – nicht nur bei den Habsburgern – zur Machtpolitik und Regierungskunst in einem. Daß die innerfamiliären Ehen zwischen den Habsburgern im sittlichen Verständnis der Zeit überhaupt möglich wurden, resultierte nicht zuletzt aus deren Beziehungen zur römischen Kurie, wo päpstliche Dispense für derartige, nicht selten enge Verwandtschaftsehen nahezu regelmäßig erteilt wurden. Der Fortbestand der Dynastie als Gesamthaus regierte auch in diesen Fällen als oberstes Prinzip. Daß im Blick auf dieses Verhalten die inzestuösen Folgen solcher Ehen Kritik provozierten, änderte freilich nichts an den Verhaltensformen der Dynastie, die im mehrfachen Wechsel zwischen Wien und Madrid ihre Kinder zeugte, erziehen ließ und wieder verheiratete. Ein paar Beispiele sollen dies veranschaulichen: 1548 heiratete die Infantin Maria von Spanien den Sohn Kaiser Ferdinands I., den späteren Kaiser Maximilian II. Ihm folgte deren Tochter Anna, die – in anderer Richtung – 1570 mit König Philipp II. von Spanien, der bis dahin schon dreimal verwitwet war, in einer aparten Onkel-Nichte-Ehe verheiratet wurde. Damit wurde jener Philipp also Schwiegersohn seiner Schwester und seines Vetters sowie Großonkel seiner eigenen Kinder. In derselben Generation noch heiratete Erzherzog Albrecht VII., Annas Bruder – zunächst Kardinal, dann laisiert –, 1599 die Tochter König Philipps II., Isabella Clara Eugenia, um dadurch Vizekönig von Portugal, dann der Niederlande zu werden. Auch Margarethe, Tochter Erzherzog Karls von Steiermark, reiste 1599 zur Eheschließung mit König Philipp III. nach Spanien. Wieder in umgekehrter Richtung heiratete Kaiser Ferdinand III. 1631 von den zwei überlebenden Kindern jener Margarethe die Tochter Maria Anna, während dann deren Tochter wiederum 1644 ihren Onkel, König Philipp IV. von Spanien und Portugal, ehelichte. Die letzte Brautreise zwischen Wien und Madrid unternahm deren Tochter Margarethe Theresia, die 1666 ihren Onkel, Kaiser Leopold I., heiratete. Mit König Karl II. von Spanien, Sohn der Onkel-Nichte-Ehe Philipps IV., sollten diese familiären Verbindungen der Habsburger enden. Mit ihm starb dann auch die spanische Linie der Habsburger im Jahre 1700 aus.

Um das spanische Erbe gegen die Ansprüche des französischen Königshauses für die österreichischen Habsburger zu sichern, wurde – nach dem Scheitern anderer Übernahmepläne – auch der zweitälteste Sohn Kaiser Leopolds, Karl, kurzzeitig zum spanischen König proklamiert, allerdings mit wenig Erfolg. Währenddessen folgte 1705 sein älterer Bruder Joseph dem Vater auf dem Kaiserthron nach. Zwar gingen aus seiner Ehe mit Prinzessin Amalia Wilhelmine von Braunschweig-Lüneburg, die zum Zwecke der Vermählung zum katholischen Glauben übergewechselt war, keine Söhne hervor, aber immerhin wurde dieser Kaiser durch seine permanenten Affären mit den Hofdamen, darunter die einflußreiche Mätresse Marianne Palfi, bekannt. Venus war gnädig: Der Kaiser starb 1711 an den Folgen einer Pockeninfektion, auch wenn ihn längst die Syphilis peinigte.

Der frühe Tod Kaiser Josephs I. erzwang die Rückkehr seines Bruders Karl aus Spanien nach Wien. Am 12. Oktober 1711 wurde dieser nun als Karl VI. zum Kaiser gewählt. Von Anbeginn seiner Herrschaft sah er sich von der Existenzfrage nach der Zukunft der Dynastie konfrontiert. Sein einziger Sohn, Leopold, war im Kindesalter im Jahr 1716 verstorben, und künftig wurden ihm ausschließlich Töchter geboren. Geprägt vom Mißerfolg im Spanischen Erbfolgekrieg und das Aussterben der Dynastie in männlicher Linie vor Augen, suchte Kaiser Karl VI. nach rechtlichen Möglichkeiten, auch in weiblicher Linie die Herrschaft der Habsburger vererben zu können. Das Ergebnis dieser Suche hieß *Pragmatische Sanction*, womit ein Gesetz von besonderer Bedeutung für den Staat bezeichnet wurde. Jene *Pragmatische Sanction* Kaiser Karls VI. wurde für die österreichischen Länder und die Habsburger Dynastie zum wohl wichtigsten Grundgesetz. Es behielt im Kern bis 1918 Gültigkeit und sicherte soweit auch den Anspruch der Habsburger Dynastie auf fortgesetzte Herrschaft.

So bedeutsam dieses Gesetz auch wurde, seine Ursprünge gründen in einem eher unbedeutenden Anlaß, nämlich der Anfrage der österreichischen Landstände über die Rangordnung der Erzherzoginnen des Hauses. Diese führte am 19. April 1713 zur Bekanntgabe der *Pragmatischen Sanction*, worin der Kaiser im Erbfall die habsburgischen Besitzungen für unteilbar und untrennbar erklärte. Dann bestimmte er, daß zunächst seine Töch-

5 Familienleben: Kaiser Franz I. Stephan
beim Morgenkaffee mit Maria Theresia und ihren beschenkten Kindern.
Gemalt von Erzherzogin Maria Christine, links im Bild. (1763)

ter, dann die Töchter seines Bruders Joseph und schließlich erst,
wenn alle diese Linien erloschen seien, die Töchter Leopolds erb-
berechtigt sein sollten. In der *Pragmatischen Sanction* definierte
man also ein Erbfolgerecht in den weiblichen Linien.

Da Karl VI. tatsächlich keine männlichen Erben erhielt, lief die
Erbfolge nunmehr auf seine 1717 geborene, älteste Tochter Maria
Theresia zu. Um deren Nachfolge auch sicherzustellen, erwirkte
der Kaiser in den nächsten Jahren bis 1725 die Anerkennung des
besagten Rechtsaktes in den einzelnen Landtagen von Österreich, Ungarn und den Niederlanden. Damit war – reichsintern –
die Erbfolgeregelung der Habsburger angenommen, die existentielle Krise für die Dynastie soweit gemeistert.

Dabei aber beließ es der Kaiser nicht. Er suchte auch die Anerkennung der Erbrechte seiner Tochter bei den anderen europäischen Mächten und stellte darauf alle seine politischen Manöver
dieser Jahre ab. So schloß Karl VI. 1725 auch einen Vertrag mit

den spanischen Bourbonen ab. 1731 garantierte England die *Pragmatische Sanction*, wofür der Kaiser die bisherigen kolonialen – niederländischen – Handelsinteressen in Asien aufgab. Die Anerkennung der *Pragmatischen Sanction* durch Frankreich betrieb Karl VI. schließlich vor dem Hintergrund der in Aussicht genommenen Eheverbindung seiner Erbtochter mit Franz Stephan von Lothringen. Doch alle diese Zusicherungen fruchteten letztlich wenig. Mit dem Tod des Kaisers 1740 galten andere Gesetze und Interessen. Maria Theresia wurde sogleich von ihren europäischen Konkurrenten herausgefordert.

5. Das Haus Habsburg-Lothringen zwischen Staatsreform und Ende des Alten Reiches (1803/1806)

Die Dynastie der Habsburger starb mit Kaiser Karl VI. am 20. Oktober 1740 in männlicher Linie aus. Nach den Regeln der Genealogen erlosch damit das Haus Habsburg. Anders die Wirklichkeit. In Zukunft sollte es das neue Haus Habsburg-Lothringen geben. Die Grundlage dieser konstruierten Kontinuität der Dynastie bot die eheliche Verbindung zwischen der kaiserlichen Erbtochter, Maria Theresia, und Franz Stephan von Lothringen. Franz Stephan war am Wiener Hof erzogen worden und stand bereits in seinem Verhältnis sozusagen an Sohnesstatt zum Kaiser, der ihn auch zeitweilig in Ungarn als Statthalter einsetzte. Das junge Paar kannte sich praktisch von Kindertagen an. Der Heiratsvertrag für das Paar datiert vom 30. Januar 1736.

Im weitesten Sinne war diese dynastische Verbindung – wie schon so oft in der Vergangenheit – eine innerfamiliäre Ehe, denn der Großvater der Braut, Kaiser Leopold I., und die Großmutter des Bräutigams, Eleonore Maria Josepha, waren Geschwister. So durfte auch zur Ehe Maria Theresias der päpstliche Dispens nicht fehlen. Ehe diese „Hochzeit des Jahres" freilich in der Wiener Hofburg protokollarisch ihren Anfang nahm und wegen der Faschingszeit in einem außergewöhnlichen Maskenfest endete, hatte Maria Theresia wegen der *Pragmatischen Sanction* noch eine Verzichtserklärung auf das Erbe für den Fall zu unterschreiben, daß dem Kaiser doch noch ein Sohn beschieden sein sollte. Gleichzeitig gelobte Franz-Stephan, für seine Person nie Ansprüche auf die habsburgischen Erblande zu erheben.

Das Erbe Maria Theresias wurde nach 1740 von ganz anderer Seite gefährdet. Bayern, Sachsen und Spanien protestierten gegen ihre Thronfolge und erhoben Ansprüche auf Teile des habsburgischen Erbes. Im selben Moment überfiel der preußische König Friedrich II. (1740–1786) die zum Habsburger Reich gehörende Provinz Schlesien, womit er ein allgemeines Zeichen zum Krieg gegen die Erbin gab. Unter dem Motto: "Es gibt kein Haus Habsburg mehr", agierten die führenden europäischen Mächte gegen die Habsburgerin. Diese vermochte sich aber zu behaupten. Im Reich verdrängte sie das zwischenzeitliche Kaisertum Karls VII., eines der bayrischen Wittelsbacher, und fand Wege, ihren Gemahl 1745 zum neuen Kaiser, Franz I. Stephan, wählen zu lassen. Sie selbst enthielt sich – aus protokollarischen Gründen – der Kaiserkrönung und nahm die Titelführung einer Kaiserin nur indirekt an. Maria Theresia beendete unter Verlust Schlesiens den Österreichischen Erbfolgekrieg mit Preußen, woraufhin sie bald von allen ehemaligen Gegnern auch als Monarchin in den übrigen habsburgischen Ländern uneingeschränkt anerkannt wurde. Politisch war damit das Gleichgewicht in Europa zwischen den alten Mächten wieder hergestellt. Mit dem Machtzuwachs Preußens durch den Gewinn Schlesiens aber hatte sich das politische Binnenverhältnis im Reich geändert, und künftig sollte der Dualismus der beiden deutschen Großmächte, Preußen und Österreich, als Signum zur reichspolitischen Entwicklung gehören. Schließlich erreichte die österreichische Diplomatie vor diesem Hintergrund außenpolitisch die Umkehr der Allianzen in Europa – die ehemaligen Gegner Frankreich und Österreich wurden in Zukunft Verbündete.

Der Krieg mit Preußen hatte eklatante Schwächen der Habsburgmonarchie offengelegt. So entsprangen den Niederlagen Impulse, dieses Reich an den erstarkenden monarchischen Staat anzupassen und mit Reformen der überkommenen sozialen, rechtlichen und wirtschaftlichen Zustände die Entwicklung eines stärker vereinheitlichten Staates voranzutreiben. Für Österreich begann damals das Zeitalter des – aufgeklärten – Absolutismus, womit man in der Forschung die Zeit eines reformfreudigen Herrscherstils umschreibt. Von der Mitte des 18. Jahrhunderts bis ins frühe 19. Jahrhundert zieht sich nun ein permanenter – wenn auch nicht immer gleich kräftiger – Strom von Reformen, um die feudale Ordnung nach dem Anspruch der Vernunft in eine gewandelte autoritäre Herrschaft umzubauen. Recht und Wirtschaft, Wissenschaft und Kunst, Kirche und Gesellschaft, Heer und Verwaltung erfuhren neue Ausrichtungen, ohne daß zentrale Kontinuitäten aufgegeben wurden.

Maria Theresia begann mit den Reformen der Staatsverwaltung und schuf zur Stärkung der Finanzen neue Staatsmonopole (Tabak, Post) und leitete Agrarreformen ein, die die Besitzrechte des Adels schmälerten und somit auf die Sozial- und Wirtschaftsverfassung insgesamt einwirkten. Ihr Sohn, Kaiser Joseph II., führte gerade diese Reformen mit Nachdruck fort. Maria Theresia reformierte das Schulwesen, weshalb man sie später als „Mutter der österreichischen Volksschule" bezeichnete. Ferner veranlaßte sie die Öffnung der österreichischen Armee bis in die höheren Ränge für Nichtadelige. 1757 stiftete sie den Maria-Theresia-Orden, den bis 1918 höchsten österreichischen Militär-Verdienstorden. Ebenso verbindet sich ihr Name mit dem bis heute bekannten Maria-Theresia-Taler, der seit 1753 geprägt wurde und bis ins frühe 20. Jahrhundert vielleicht die wichtigste Handelsmünze im gesamten Bereich der Habsburger Monarchie war. Wegen dieser Initiativen ist sie im österreichischen Geschichtsbewußtsein fest als „Landesmutter" verankert, deren Biographie in einigen Teilen ein üppiges Rankenwerk von Legenden umgibt.

Dynastisch führte sie mit ihren 16 Söhnen und Töchtern das neue Haus Habsburg-Lothringen in eine sichere Zukunft – am meisten bejubelt wurden die Geburt ihrer Söhne, Joseph II. und Leopold II., die nacheinander beide Kaiser wurden. Zu den beeindruckendsten Zeugnissen Maria Theresias gehört ihre überwiegend nach der Mode der Zeit französisch geführte Korrespondenz mit ihren Kindern. Ihre Briefe geben persönliche Beziehungen und Stimmungen ebenso wieder wie Prinzipien ihres Herrschafts-

stils. Danach steht ihrer privaten Religiosität und ihrer gefühl-
voll gelebten Mutterrolle – Ausweis keineswegs selbstverständ-
licher, intensiver familiärer Bindung – eine Familienkorrespon-
denz auch als Instrument ihrer Machtausübung gegenüber.

Das Verhältnis zu ihrem agilen Gemahl Franz Stephan darf
man wohl nicht zuletzt als zweckbestimmt beschreiben. Er besaß
politisches Organisationstalent und stand – im Gegensatz zu seiner Frau – den Ideen der Freimaurer nahe. Auf Grund seiner ökonomischen Interessen verfügte er am Ende seiner 20jährigen Regentschaft (1765) über ein für damalige Umstände ungewöhnlich
hohes Privatvermögen, mit dem sein Nachfolger, Kaiser Joseph II.,
die Staatsschulden abbaute. Weniger außergewöhnlich erscheint
die Rolle von Franz Stephan als hochgeschätzter galanter Lieb-
haber, der in der Prinzessin Auersperg eine einflußreiche Mätresse
fand.

Der bereits 1764 in Frankfurt zum König gekrönte Joseph II.
wurde nach dem Tod seines Vaters (1765) *Römischer Kaiser* und
blieb neben Maria Theresia Mitregent. Erst nach ihrem Tod am
29. November 1780 wurde er Alleinherrscher in der Habsburger
Monarchie. Seine Ehe mit Isabella von Parma blieb ohne Söhne.
Überhaupt verstarben alle seine Kinder, auch jene aus seiner
zweiten Ehe mit Maria Josepha von Bayern. Zum Unterschied zu
seiner ersten Gemahlin, die der Kaiser überschwenglich liebte,
versagte er seiner zweiten Gemahlin jede Zuneigung. Selbst
ihrem Begräbnis blieb er fern. Dies war seine Antwort auf die
von seiner Mutter eingeforderte Staatsheirat.

Der Alleinherrscher verzichtete demonstrativ auf die förmliche Krönung als König von Böhmen und von Ungarn und setzte
als weitere Zeichen aufgeklärter Herrschaft die Reformpolitik
seiner Mutter konsequent fort, da er die Schwächen der Monarchie sehr deutlich erkannte. Der Kaiser begann voller Elan eine
weitreichende Refompolitik, deren Inhalte die Forschung unter
dem Begriff „Josephinismus" diskutiert. Die Reformen sahen
eine Entmachtung des Adels vor und hatten die Schaffung eines
rechtlich mit dem Adel gleichgestellten, vor allem aber eines
nützlichen Untertans zum Ziel. Kernstück seiner Reform bildeten die Untertanen- und Toleranzpatente der Jahre 1781/83. Er-

stere trafen die ökonomische Grundlagen der Aristokratie und erlebten deshalb nachhaltigen Widerspruch. Dann gestand er den Protestanten und den griechisch-orthodoxen Christen die – nicht öffentliche – Ausübung ihrer Religion und das Bürgerrecht zu. Ferner führte er die Einrichtung der bürgerlichen Ehe unter Beibehaltung der kirchlichen Trauung und der Möglichkeit der Scheidung ein. Ebenso leitete er die Emanzipation der Juden im Rahmen der entstehenden bürgerlichen Gesellschaft ein. Stark beschnitt der Kaiser auch die Privilegien kirchlicher Institutionen; er anerkannte und vollzog die 1773 von Papst Clemens XIV. verfügte Auflösung des Jesuitenordens. Sein Erlaß zur Aufhebung der Klöster (1782) – wovon zunächst die Klöster der Bettelorden ausgenommen waren – zugunsten damals errichteter staatlicher Wohlfahrtseinrichtungen und Schulen leitete in der Habsburger Monarchie ein Jahrzehnt des sogenannten Klostersturms ein.

Kurz: Der Staat war für diesen Kaiser das Wichtigste, und er wollte ihn zu rasch in allzu vielen Bereichen modernisieren. Das stieß auf Kritik und Ablehnung. So lehnten die Ungarn zum Beispiel die 1784 erlassene Anordnung zum Gebrauch des Deutschen als Amtssprache ab. Zudem hatte sich der Kaiser bei den Ungarn unbeliebt gemacht, weil er die im Land besonders verehrte hl. Stephanskrone nach Wien bringen ließ. Beides verletzte das Selbstbewußtsein der Ungarn und provozierte sogar Aufstände. Massiver als in Ungarn waren vor dem Hintergrund der Französischen Revolution die Aufstände in den Niederlanden, wo am 26. Oktober 1789 die habsburgischen Truppen unterlagen. Daraufhin erklärten die Sieger das Land für unabhängig und das Haus Habsburg für abgesetzt, um die Republik Belgien auszurufen.

Nicht wenige der vom Kaiser eingeleiteten Reformen wirkten trotz allem bis weit ins nächste Jahrhundert fort. Dazu gehörten freilich auch die Kontrollmechanismen des Staats, denn Geheimpolizei und Spitzel überwachten Beamte, Kleriker und Ausländer. Damit sollte zugleich die Einhaltung einer Unzahl von bürokratischen Erlassen zur Regelung kleinster, alltäglicher Lebenssituationen in allen Teilen des weitläufigen Habsburger Reiches gewährleistet sein.

Als der Kaiser 1790 starb, der sich bezeichnender Weise in einem bescheidenen Sarg zu Füßen der Eltern in der Gruft der Kapuzinerkirche bestatten ließ, folgte ihm im Reich und in Österreich sein Bruder Leopold (1747–1792). Dessen zunächst für die Nachfolge ausgewählter Sohn Franz mußte einstweilen noch warten. Kaiser Leopold II. besaß vielleicht ein noch reformfreudigeres Staatsverständnis als sein Vorgänger, wenn man seine fortschrittlichen Initiativen im Großherzogtum Toskana zugrundelegt, das er bis zur Übersiedlung von Florenz nach Wien lange Zeit fast unabhängig von Österreich regiert hatte. Aber im Habsburger Reich galten andere Maßstäbe, so daß Kaiser Leopold eher einen Teil der radikalen Reformen Josephs II. zurückzunehmen hatte.

Der geschwisterliche Wechsel im Kaisertum bestätigte die Kontinuität der Herrschaft der Dynastie, die nun ihre Lage weiter dadurch zu stabilisieren suchte, daß sie – wie schon zu Zeiten der österreichisch-spanischen Verbindungen – dynastieinterne Ehen einrichtete. Jetzt kam es zu Beziehungen zwischen dem Haus Habsburg und dem neopolitanischen Königshaus. 1765 hatte Leopold, damals noch Großherzog von Toskana, Maria Ludovica (Marie Luise) von Neapel geheiratet; drei Jahre später nahm seine Schwester Maria Karoline den Bruder ihrer Schwägerin zum Gatten: König Ferdinand I. von Neapel. Aus dieser Verbindung ehelichten nun wiederum zwei Töchter (Doppelhochzeit 1790) und ein Sohn (Hochzeit 1797) Kinder Leopolds und Maria Ludovicas. Diese drei Brautpaare – Franz und Maria Theresia Karoline von Neapel, Ferdinand und Maria Ludovica (Luise) von Neapel, Klementine und Franz von Neapel – waren also direkte Cousins und Cousinen. Wie in der Vergangenheit so erteilte auch in diesen Fällen die päpstliche Kurie die notwendigen Dispensen. Wohl niemals zuvor waren die Ehepartner in der Dynastie so eng miteinander verwandt gewesen und die inzestuösen Folgen dieser Verbindungen so sehr absehbar. Einige Kinder der kommenden Generationen hatten darunter zu leiden. Daneben spielte das Großherzogtum Toskana in den territorialpolitischen Umgestaltungen des frühen 19. Jahrhunderts vornehmlich eine Rolle als Austausch- oder Versorgungsobjekt zwischen dem Haus Habsburg, Frankreich und bald auch Italien.

Derweil behaupteten die Habsburger im Reich ihren Anspruch und behielten das Kaisertum, während im Sturm auf die Pariser Bastille die Revolution in Frankreich siegte und mit der Absetzung und Hinrichtung von Marie Antoinette und Ludwig XVI. das französische Königtum erst einmal unterging. Die politische Offensive der Monarchien Europas gegen das revolutionäre Frankreich erlebte Kaiser Leopold II. nicht mehr. Aber 1790 besetzten auf seinen Befehl hin österreichische Truppen Brüssel, wodurch die Niederlande für Österreich zurückgewonnen wurden. Über weiteren Herausforderungen verstarb der Kaiser nach nur zweijähriger Regentschaft am 1. März 1792. Danach verebbte im Zeichen neuer politischer Herausforderungen das absolutistische Neugestaltungsfieber um monarchische Allgewalt, Staatsmaschinerie und Wirtschaftsautonomie nicht nur in Österreich.

Auf Leopold folgte sein Sohn Franz II. (1768–1835). Seine rasch erfolgte Kaiserkrönung am 14. Juli 1792 war zweifellos eine provozierend terminierte Antwort auf die Pariser Ereignisse des Jahres 1789, wo am nämlichen Tag der Sturm auf die Bastille erfolgt war. Anders als in Frankreich war rechts des Rheins an ein Ende des Reiches gar nicht zu denken, zumindest vorläufig noch nicht. Die Krönungsfeiern für den Kaiser wurden zu einem öffentlichen Ereignis, und in der Öffentlichkeit äußerte sich ein begeisterter Reichspatriotismus. Das habsburgische Kaisertum erwies sich in dieser Situation als durchaus populär. Die Habsburger Dynastie bekräftigte denn auch gezielt diese politische Stimmung, wie es beispielsweise das patriotische Schauspiel *Friedrich von Österreich* deutlich macht, das 1792 als habsburgische Auftragsarbeit erstmals öffentlich aufgegführt wurde. Die Dynastie investierte gleichsam in ihre Geschichte und fand auch Anerkennung wie sie etwa Friedrich Schiller in dem Gedicht *Der Graf von Habsburg* dokumentierte. Wenn dagegen Johann Wolfgang von Goethe in den Krönungsfeiern für Franz II. ein unzeitgemäßes Kostümfest zu sehen glaubte und den Kaiser nur mehr als „Gespenst Karls des Großen" wahrnahm, so entsprach dies nicht dem Zeitgeist.

Um so überraschender folgte das schnelle Ende des Kaisertums und des Alten Reiches. Die expansiven Feldzüge Napoleon

Bonapartes und seiner Revolutionsheere gegen Österreich in Oberitalien (1796/97) und mehr noch seine Erfolge über die österreichischen Armeen um 1800 steigerten im Westen des Reiches Ansehen und Einfluß Frankreichs und bestärkten dort die Tendenzen zur stillen Auflösung des Reiches, zumal die Protagonisten dieser Ideen auf die napoleonischen Schutzmöglichkeiten vertrauten. So lockerte sich der Reichsverband, und es änderte sich seine bisherige Ordnung vor allem dadurch, daß die kirchlichen Territorialherrschaften – wesentliche Träger des Reiches – zunehmend als Verfügungsmasse der weltlichen Fürsten angesehen wurden. Der sogenannte Reichsdeputationshauptschluß vom Februar 1803 sah dann eine Neuaufteilung des Reiches vor. Die geistlichen Kurfürsten von Köln, Trier und Mainz, bis zuletzt verläßliche Verbündete der Habsburger, büßten bei dieser Gelegenheit ihre bisherigen reichsrechtlichen Wirkungsmöglichkeiten ein. Damit war eine Situation vorbereitet, die im Falle künftiger Kaiserwahlen den protestantischen Fürsten im Kurkollegium die Mehrheit geben sollte. Das Kaisertum der Habsburger schien also in Zukunft nicht mehr gesichert.

Um aber zumindest das österreichische Kaisertum zu erhalten und sich zugleich gegen Napoleon zu behaupten, verzichtete der Kaiser auf die Reichswürde. Er legte am 6. August 1806 als Kaiser Franz II. förmlich die Reichskrone nieder und erklärte von sich aus die Auflösung des Heiligen Römischen Reiches deutscher Nation. Das war verfassungsrechtlich zweifellos bedenklich, sicherte ihm aber die Chance, seine österreichische Herrschaft und daselbst das Kaisertum zu bewahren.

Eines der ansehnlichsten und traditionsreichsten politischen Gebilde Europas, das Heilige Römische Reich mit seiner beinahe 1000jährigen übernationalen Geschichte und ein über Jahrhunderte unter der Herrschaft habsburgischer Kaiser auch ideologisch zusammengehöriger Verband lösten sich – anders als andere Großreiche in der Weltgeschichte – ohne Gewalttätigkeiten auf. Das letztlich aus antiken Traditionen herrührende Kaisertum war erloschen. Die Symbole des Alten Reiches, in erster Linie die Reichskrone mit den weiteren Reichskleinodien, gelangten dann bald darauf in die Schatzkammer der Wiener Hofburg.

V. Überdehnte Dynastie:
Vielvölkerreich und Doppelmonarchie
im 19./20. Jahrhundert

1. Erbkaisertum und Wiener Kongreß

Ehe sich das Heilige Römische Reich deutscher Nation 1806 gänzlich auflöste, sicherte sich dessen letzter Monarch Franz II. den traditionsbestimmten Titel *Kaiser* als Ausweis seiner habsburgischen Herrschaft. Er erklärte auf der Staatskonferenz am 11. August 1804, daß er über die Länder, die zur Habsburgermonarchie gehörten, das *Österreichische Kaisertum* annehme. Die römische Kaiserwürde verkörperte bis dahin die vornehmste Würde aller europäischen Monarchen. Das war Geschichte. Nun gab es drei Kaiser: den österreichischen Kaiser, den russischen Zaren und den Kaiser der Franzosen, zu dem sich Napoleon am 2. Dezember 1804 krönte. In seiner Erklärung bemerkte Franz, daß er sich aus „Ranggleichheit" veranlaßt sehe, dem „Hause Österreich in Rücksicht auf dessen unabhängige Staaten den erblichen Kaisertitel gleichfalls beyzulegen". Die Dynastie stellte damit weiterhin das entscheidende Bindeglied aller Länder des Habsburger Reiches.

Im Unterschied zum aufgegebenen Kaisertum des Alten Reiches, war das österreichische erblich und direkt an die Kontinuität der Familie gebunden. Für einen kurzen Zeitraum führte Franz den Doppeltitel *Kaiser der Römer und von Österreich*. Wien, bis dahin römisch-kaiserliche Residenzstadt, wurde römische und österreichische kaiserliche Haupt- und Residenzstadt. Nach der endgültigen Niederlegung der alten Kaiserkrone (6. August 1806) nannte sich dann der bisherige Kaiser Franz II. nunmehr Franz I. von Österreich. Das Erbkaisertum Österreich führte die alte Reichsfahne mit dem Doppeladler und den Reichsfarben (schwarz/gelb) fort. Beinahe aus Verlegenheit benutzte man als neue Kaiserkrone die vormals private Krone Kaiser Rudolfs II. aus dem frühen 17. Jahrhundert.

Banat: 1718
Böhmen, Mähren, Ungarn: 1526
Bosnien-Herzegowina:
    1878 Okkupation
    1908 Annexion
Bukowina: 1775
Dalmatien: 1797
Galizien: 1772
Innviertel: 1779
Kleine Walachei: 1718–39
Lombardei: 1714/1815–59
Modena: 1815–60
Neapel: 1714–35
Nordserbien: 1718–39
Österr. Niederlande: 1714–1797
Parma: 1735–48/1815–47
Salzburg: 1805
Sandschak Novipasar 1878–1908
Sardinien: 1714–20
Schlesien: 1526–1742
Siebenbürgen: 1699
Sizilien: 1720–35
Toskana: 1737/1815–60
Trient: 1803
Venetien: 1797/1815–66
Vorderösterreich: –1805
Westgalizien: 1795–1809
Württemberg: 1520–34 österr.

6 Die Großmacht Österreich im 19. Jahrhundert.

Die politischen Erwartungen, die man in Wien an die Neubegründung des Erbkaisertums geknüpft hatte, erfüllten sich nicht, denn in erster Linie ging es dem Kaiser darum, die Abwehr gegen Napoleon zu stärken und das Habsburger Reich zu erhalten. Der militärische Erfolg der napoleonischen Heere diktierte aber anderes: 1809 wurde Wien besetzt. Die – wenn auch spektakulären – Siege der von Erzherzog Karl befehligten Truppen über Napoleon bei Aspern (1809) oder die Volksaufstände in Tirol unter Andreas Hofer gegen die französische Besatzung änderten daran wenig. Die Residenz Schönbrunn, einzigartiges Zeugnis habsburgischen Aufstiegs zur Großmacht, wurde Napoleon für 156 Tage zur Residenz und erlangte traurigen Ruhm als der Ort, an dem der Franzose das Habsburger Reich territorial verkleinerte. Im Frieden von Schönbrunn (14. Oktober 1809) verlor Österreich beträchtliche Gebietsteile in Italien direkt an Frankreich; Salzburg und das Innviertel gingen an Bayern, und Krakau mit Westgalizien kamen zum neugebildeten Großherzogtum Warschau.

Napoleon aber wollte mehr, als nur Länder erobern, und das Kaisertum der Franzosen genügte ihm nicht. Er strebte nach höherer adeliger Würde und Anerkennung, die ihm als Aufsteiger fehlten. Die Habsburger galten als die älteste regierende Dynastie in Europa. Eine Verbindung mit der Kaiserfamilie versprach, die niedere Abkunft Bonapartes sofort wettzumachen. Um dieses Ziel zu erreichen, gab Napoleon seine Ehe mit Josephine Beauharnais auf und heiratete im April 1810 in Paris Marie Louise, die älteste Tochter des österreichischen Kaisers. 1811 gebar Marie Louise einen Sohn, der den Namen Napoleons und der Habsburger erhielt: Franz Joseph Karl. Im Anklang an Traditionen des Römischen Reichs bald zum *König von Rom* ernannt, blieb der Sohn – nach dem politischen Sturz Napoleons – mit dem einzigartigen Titel *Herzog von Reichsstadt* in der Obhut der Habsburger. Er starb jung an der „Krankheit des Jahrhunderts", der Lungenentzündung.

Die Kaiserträume Napoleons währten nicht lang. In der Völkerschlacht bei Leipzig (1813) und der Niederlage bei Waterloo (1815) ging seine Herrschaft unter. Dagegen hatte sich Kaiser

Franz I. mit seiner wenig kompromißbereiten Politik gegenüber Napoleon behaupten können, so daß Österreich in der politischen Neuordnung Europas, die auf die Zerschlagung der napoleonischen Großherrschaft folgte, eine formelle Führungsrolle zukam. Der Ort und das Ereignis sind legendär: der Wiener Kongreß (1814/15). Hier wurde die Großmacht Österreich wiederhergestellt und anerkannt.

Die Auflösung des Heiligen Römischen Reiches deutscher Nation markiert daher nicht den radikalen Bruch in der Geschichte der Staaten und Verfassungen, wie es zunächst den Anschein haben mag. Dessen Ende hatten weniger die neuen Ideen der Französischen Revolution, die Forderungen nach Freiheit und Gleichheit erzwungen, sondern die konkurrierende Schutzmacht Napoleons für die Rheinbundstaaten. Nachdem diese militärische Sicherheit entfallen war, hielten sich im frühen 19. Jahrhundert die Ablehnung der alten Ordnung, des Ancien Regime, und eine Rückbesinnung auf die alte Ordnung bei der Suche nach Reformmöglichkeiten der bisherigen absolutistischen Monarchien die Waage. In Wien bot noch einmal das Alte Reich, obwohl aufgelöst, allen konservativen Ordnungsvorstellungen einen Legitimations- und Gestaltungsrahmen.

Die Fließrichtung dieses Wandels bestimmten zwei politische Erbschaften mit: die schon im 18. Jahrhundert begründete Rivalität zwischen Österreich und Preußen, der preußisch-österreichisch Dualismus, später auch die „Deutsche Frage" genannt, und die „nationale Frage". Letztere meint das nationale Verhältnis zwischen dem österreichischen Kaiserstaat und dem übrigen Deutschland sowie im weiteren die nationalen Selbständigkeitsbestrebungen innerhalb des habsburgischen Vielvölkerreichs. Die wiederhergestellte („restaurierte") europäische Ordnung nach dem Ende der napoleonischen Herrschaft wurde ein Werk der Monarchen, insbesondere des österreichischen Kaisers in Zusammenarbeit mit dem russischen Zaren und dem preußischen König. Die Zeit von etwa 1815 bis zur Revolution von 1848 wird deshalb allgemein als Zeitalter der Restauration bezeichnet. Die antidemokratische politische Grundhaltung der Herrschenden jener Epoche prägten nicht zuletzt der österreichische Kaiser und sein umtriebiger Staatskanzler, Klemens Wenzel Fürst von Metternich, der im sogenannten Metternichschen System auch der Habsburger Dynastie seinen Stempel aufdrückte. Die Basis dieser Entwicklung schuf der Wiener Kongreß 1814/1815.

Das Zitat „Der Kongreß tanzt" ist zu einem geflügelten Wort geworden. Vollständig lautet der zeitgenössische Ausspruch: „Der Kongreß kommt nicht vom Fleck, er tanzt", was soviel besagen sollte, daß die Politik zum Stillstand gekommen war. Aber auch diese Sentenz gibt nur eine Momentaufnahme wieder, die eher dem höfischen Leben jenseits der politischen Bühne gilt, auf der sich tatsächlich das bedeutendste politische Ereignis für das Europa des 19. Jahrhunderts vollzog. Der Wiener Kongreß leitete für einen größeren Teil Europas eine lange Friedensperiode mit einer Staatenbildung ein, die sich in ihren Grundzügen bis zum Ersten Weltkrieg behauptete.

Am 1. November 1814 eröffnete der österreichische Kaiser jene einzigartige Konferenz, die Wien rasch zu einer eigenen Welt werden ließ. Mehr als 200 Staatsvertreter, voran jene Österreichs, Preußens, Englands, Russlands und Frankreichs, kamen mit ihren Diplomaten, Familien und Dienerschaften in die Donaumetropole. Das Konferenzgeschehen, von den Zeitgenossen oftmals karikiert, wurde beim politischen Kuhhandel von kühl taktierenden Diplomaten und windigen Strippenziehern ebenso bestimmt wie vom Glamour der Adelswelt. Dabei bedeutete Wissen jeder Art sofort Macht. Zudem bewegten Klatsch und Gerüchte über hochpolitische Ehescheidungen, so im Fall des russischen Zaren, die Szene, ebenso wie Duelle und Bestechungen. Zum entscheidenden Kopf vor und hinter den Kulissen wurde der österreichische Staatskanzler Metternich. Im Wechselspiel mit französischen und englischen Diplomaten gelang es ihm, den alten Gedanken des Gleichgewichts der europäischen Großmächte wiederzubeleben und die politische Stellung Österreichs mit einem Territorium fast so wieder herzustellen, wie es in vornapoleonischer Ära bestanden hatte.

Dann schuf man dort – anstelle des untergegangenen Reiches – den Deutschen Bund, einen Zusammenschluß souveräner Fürstenstaaten, dessen ständiger Gesandtenkongreß, der Bundes-

tag, in Frankfurt am Main unter dem Vorsitz Österreichs eingerichtet wurde. Die neue Bundesakte wurde Teil der Schlußakte
des Wiener Kongresses. Das war sicher nicht das einheitliche
deutsche Reich, worauf viele nach dem Sieg über Napoleon ge-
hofft hatten. Mit dem Aufblühen der Kleinstaaterei ging bald
auch die Hoffnung der Öffentlichkeit auf politisch-liberale Frei-
heiten unter dem Fürstenregiment verloren, da sich die deutschen Herrscher zur Abwehr „demokratischer Gefahr" 1819
enger zusammenschlossen. Darauf baute Metternich Österreichs
Vorherrschaft und die neue Friedensordnung auf, die durch die
Heilige Allianz zwischen den Monarchen Russlands, Österreichs und Preußens gestärkt wurde.

2. Franz I. und Ferdinand I.: Repräsentanten des Stillstands

Die Habsburger Monarchie profitierte von der Restauration in
der Weise, daß die Dynastie die Revolutionen im eigenen Land
zur Jahrhundertmitte politisch überlebte und das Kaisertum sich
in der Doppelmonarchie Österreich-Ungarn bis 1918 behaupten
konnte. In der gesamten Restaurationsphase erwies sich Kaiser
Franz I. abhängig von der Staatskunst seines Kanzlers Metternich, dem er das diplomatische Verhandeln ebenso überließ wie
die lange Zeit hinausgeschobene Durchsetzung der Nachfolge
seines Sohnes Ferdinand auf dem Kaiserthron. Aufgrund dieser
Abhängigkeit möchte man Franz nicht zum Kreis der Großen in
der Geschichte der Habsburger Dynastie zählen, wenngleich er
vielleicht die größte Herausforderung für die Dynastie in der
Auseinandersetzung mit dem Anspruch Napoleons fast uneingeschränkt erfolgreich meisterte. Dem widerspricht auch nicht seine
Popularität, die er in der Öffentlichkeit genoß und die damals in
der neuen österreichischen Nationalhymne ihren Ausdruck fand:
„Gott erhalte Franz, den Kaiser, unseren guten Kaiser Franz". In
den Herausforderungen der Moderne, die sich seit dem letzten
Jahrhundert zwischen Konstitution (Verfassung) und Nation for-
mierten, verschloß sich Franz aber einer zukunftsweisenden Politik.

In der kaiserlichen Familie selbst lösten sich die inneren Bindungen und die Disziplin allmählich auf, was nicht allein aus den politischen Wechsellagen für die Mitglieder des Hauses Habsburg resultierte. Die sieben Kinder des Kaisers aus seiner zweiten Ehe mit Marie Theresia von Neapel – insgesamt war er viermal verheiratet – bildeten die jüngste Generation des Hauses Habsburg-Lothringen. Erzherzog Ferdinand III., der Bruder des Kaisers, wurde als Ergebnis des Wiener Kongresses Großherzog der Toskana. Ins ebenfalls neugeschaffene Herzogtum Parma zog unter anderem die ehemalige französische Kaiserin Marie Louise nach ihrer nicht ganz zweifelsfreien Scheidung von Napoleon ein. Deren Sinnenfreude und Umgang mit ihrem Ehrenkavalier Graf Adam Neiperg erregten damals größtes Aufsehen. Ähnlich aber produzierte auch Ferdinand fortlaufend Familienskandale. Nicht der einzelne Skandal, sondern die Häufigkeit solcher Ereignisse erscheinen im Rückblick als Zeichen der Zeit. Die „Skandalgeschichte", an der das Haus Habsburg bis zum Ende der Monarchie 1918 kräftig mitschrieb, spiegelt die Verbürgerlichung der Gesellschaft und den Wandel der Adelsfamilien. Daß auch die Kaiser daran teil hatten, liegt auf der Hand.

Tatsächlich wuchs der Anspruch auf ein Privatleben, der Wunsch nach mehr Individualität in einer sich ausdifferenzierenden Großfamilie, die bisher durch eigene Normen ihren Charakter tradierte. So gab es vermehrt beständige und standesgemäße, morganatische und illegitime Beziehungen, eindrucksvoll konsequent gelebte Ehegemeinschaften neben zahllosen Ausweisen außerehelicher Vorlieben, verbunden mit einer Lebensführung, die weder adeligen noch bürgerlichen Auffassungen entsprach. Derartige Lebensformen und Haltungen wiesen den Weg aus der starren Rollenkontinuität der traditionsreichen Adelswelt hin zur Moderne – freilich um den Preis des Verlustes dynastischer Führungsfähigkeit. Aber konnte sich die Dynastie überhaupt mit der Monarchie wandeln? An den rechtlichen Rahmenbedingungen der Familie hielt der Kaiser fest. Im habsburgischen Hausrecht, 1839 nochmals bekräftigt, galt, daß dynastische Ehepartner nur aus bestimmten regierenden Fürstenhäusern erwählt werden sollten und die Verbindungen der Zustimmung des Familienoberhauptes, des Kaisers, bedurften. Mehrfach sollte bis ins 20. Jahrhundert hinein dieser Grundsatz außer Kraft gesetzt werden, um die Kontinuität der Dynastie zu wahren.

Die durch den Wiener Kongreß geschaffene politische Situation fand innerhalb der Familie keine uneingeschränkte Billigung, so daß Mißtrauen, Rivalität und interne Konfrontation Strukturmerkmale der Staatsführung wurden. Die *Geheime Staatskonferenz* wurde das eigentliche Leitungsgremium der Monarchie, wobei der Kaiser die Führungsrolle in einem absolutistischen System oft nur formal ausübte. Einige Brüder des Kaisers – so die Erzherzöge Karl, Rainer und Joseph – verließen Wien und gingen eigene Wege. Rainer wurde 1817 Vizekönig des lombardo-venezianischen Königreiches. Erzherzog Joseph behauptete sich – trotz der Intrigen Metternichs – als Paladin in Ungarn. Größtes Ansehen hatte sich bereits Erzherzog Johann, ein weiterer Bruder des Kaisers, in den Freiheitskriegen erworben. Er zog sich danach in die Steiermark zurück und heiratete Anna Plochl, Tochter des Postmeisters von Aussee. Die Erlaubnis des Kaisers zu dieser Ehe wurde zwar erteilt, Ehefrau und Kinder aber von allen Ansprüchen gegenüber der Habsburger Dynastie ausgeschlossen. Der als volkstümlich bekannte Erzherzog wurde später während der Revolution von 1848 in der Frankfurter Nationalversammlung zum Reichsverweser gewählt und gehörte der Leitung der ersten konstitutionellen Versammlungen in Wien an. In einer kritischen Zeit repräsentierte er in den Reihen der Habsburger liberale Hoffnungen – nicht überall herrschte Stillstand.

Die Frage der Nachfolge für Kaiser Franz I. geriet zur politischen Herausforderung. Im Vertrauen auf Metternich setzte der Kaiser schließlich doch auf seinen Sohn Ferdinand, um aus dem dynastischen Prinzip der Sohnesfolge das Kaisertum rechtlich zu festigen. Ferdinand galt lange Zeit als zu krank, um ihn zu verheiraten und ihn für die Thronfolge zu berücksichtigen. Der Fürsorge der Mutter jedoch verdankte der Junge eine Entwicklung, in der er trotz seines unvorteilhaften Aussehens und seiner – in der Familie keineswegs seltenen – Epilepsie zur Nachfolge gelangte. Für viele überraschend wurde Ferdinand 1831 mit Maria Anna von Sardinien verheiratet. 1835 folgte er seinem Vater auf den Kaiserthron. Mit der Staatsführung hatte Franz testamentarisch freilich die Garanten der alten Ordnung betraut – nicht zuletzt den Fürsten Metternich. Diese Machtverteilung verschärfte abermals den Restaurationsprozeß, und die polizeistaatlichen Kontrollen wurden immer dichter. Die Unzufriedenheit mit der absolutistischen Staatsführung und dem „System Metternich" nahmen auf Dauer nicht nur in Österreich zu, wo Aufstände in der ersten Jahreshälfte 1848 die Monarchie und die Herrschaft der Habsburger in eine Krise trieben.

Schließlich mußte der verhaßte Metternich als Exponent der Unfreiheit fliehen. Der Hof in Wien gab der Forderung nach einer Verfassung (Konstitution) nach. Im Mai 1848 marschierten Studenten zur Hofburg, um dadurch ihre liberalen und demokratischen Forderungen zu bekräftigen. Der Kaiser, offensichtlich regierungsunfähig, floh nach Innsbruck. Das Gerücht vom Thronwechsel ging um. Der Gang der Ereignisse beschleunigte sich mehr und mehr. Im Juli 1848 schließlich versammelte sich nicht zuletzt der revolutionäre Teil der Habsburger Monarchie zum Reichstag in Wien, den der populäre Erzherzog Johann eröffnete. Bei dieser Gelegenheit wurden die politischen Widersprüche innerhalb der Dynastie erneut offenbar. Auf dem *Prager Slawenkongreß* forderte man die Umwandlung der Monarchie in einen Bundesstaat. Mangelnde Entschlossenheit auf Seiten der Revolutionäre und geschicktes Taktieren der alten Elite ließen jedoch die Revolution scheitern. Bis zum Herbst gelang es, die Revolution in Wien unter Einsatz des Militärs niederzuschlagen. In Budapest und Prag verlief die Entwicklung nicht ganz parallel, aber dennoch gelang es dem alten System, sich – wenn auch mit Mühen – zu behaupten.

Eine andere Entscheidung fiel fast gleichzeitig in Frankfurt am Main. Hier befürwortete die Nationalversammlung mit knapper Mehrheit die sogenannte kleindeutsche Lösung in der Verfassungsfrage, was den Ausschluß Österreichs aus dem Deutschen Bund bedeutete. Der Druck auf die Habsburger nahm angesichts der unklaren Beziehungen zu, die in einer solchen Lage zwischen dem kleindeutschen Reich mit Preußen an der Spitze und Österreich bestanden hätten. Doch auch die deutschen Revolutionäre ließen es an konsequenter politischer Entschlossenheit fehlen, so daß die Reaktion erstarkte und ihnen der preußische König die ihm angebotene Kaiserkrone vor die Füße warf. Damit waren die Verfassungträume der Revolutionäre ausgeträumt. In dieser Situation, als sich zeigte, daß die Revolution ihren Zenit überschritten hatte, wollte die Habsburger Dynastie Stärke zeigen. Der innerste Familienkreis beschloß, rasch die bisherige Führungsfigur, den kränklichen Kaiser, auszutauschen. Zu diesem Zweck mußte zunächst Erzherzog Franz Karl, ein Bruder Ferdinands, auf seine Thronrechte verzichten. Dann erklärte man dessen Sohn Franz Joseph vorzeitig für volljährig und bestellte ihn nach der Abdankung Ferdinands am 2. Dezember 1848 zum neuen österreichischen Kaiser. Wieder hatte ein Wechsel innerhalb der Dynastie die Kontinuität der Herrschaft gesichert. Der kranke Repräsentant des Stillstands schied aus dem Mächtespiel aus, um ihm im Schutz der Privatsphäre noch bis 1875 zuzusehen.

3. Franz Joseph I.: Symbol der Donaumonarchie

Daß einmal eine ganze Epoche österreichischer Geschichte seinen Namen tragen würde und die österreichisch-ungarische Donaumonarchie schließlich mit ihm im Ersten Weltkrieg, jener „Urkatastrophe des 20. Jahrhunderts" (G. F. Kennan), untergehen würde, war nicht vorhersehbar, als der 1830 geborene Kaiser den Thron in Zeiten der Revolution bestieg. Mit der längsten Regentschaftsperiode aller Habsburger wurde er zum Symbol der heraufziehenden Moderne in einem Vielvölkerreich, dessen Bestandssicherung einer in ihren Kräften zunächst überdehnten, dann überforderten Dynastie oblag. Daß Franz Joseph – den man allgemein als einen „Morgenmenschen" kannte – allein schon durch die lange Dauer seines Lebens und damit auch seiner Herrschaft diesem Großreich à la longe verschiedene dynastische und politische Krisen bescherte, sollte letztlich für die Zukunft des Landes und seiner Völker entscheidend sein.

Die österreichische Armee konnte die Führungsstellung Österreichs im Deutschen Bund gegenüber dem alten Rivalen

Preußen nicht behaupten. 1866 fiel darüber in der Schlacht bei Königgrätz die Entscheidung. Zu diesem Zeitpunkt – nicht bereits 1806 – endete das seit dem Mittelalter bestehende, von der Verfassung vorgegebene Verhältnis zwischen dem Reich und Österreich.

Im Zuge der italienischen Nationalbewegung verlor Österreich zur gleichen Zeit beträchtlichen Besitz in Italien, wo in der Lombardei und in der Toskana die erst kurz zuvor neu eingerichtete Nebenlinie des Hauses Habsburg-Lothringen ihre Herrschaft einbüßte. Forderungen nach nationaler Eigenständigkeit lebten auch in Prag und Budapest weiter. Ohne auf solche Tendenzen Rücksicht zu nehmen, blieb das Habsburgreich ein zentral und absolutistisch geführtes Reich, wie es eine 1849/50 vom Kaiser selbst mitgeformte Verfassungsordnung bestimmte. Auf dieser Grundlage bildete man nach dem Ausschluß Österreichs aus dem Deutschen Bund und angesichts unabweisbarer ungarischer Nationalforderungen das österreichisch-ungarische Verhältnis staatsrechtlich um, indem man formell die Österreichisch-Ungarische Monarchie begründete.

Nachdem die Dynastie einen politischen und rechtlichen Ausgleich mit der ungarischen Nation erreichen konnte, wurde aus dem bis dahin bestehenden Erbkaisertum Österreich eine Doppelmonarchie mit parallelen Staatsverwaltungen. Ungarn war seitdem ein selbständiger und sehr expansiver Staat, hatte aber mit Österreich das Staatsoberhaupt, die Landesverteidigung, die Außenpolitik und die Finanzen gemeinsam. Das Band zwischen beiden Staatskörpern bildete vorrangig der Kaiser und mit ihm die Dynastie. Die Parlamente tagten jeweils in Wien und in Budapest. Die gemeinsamen Behörden wurden folglich als kaiserlich und königlich (k.u.k.), die der österreichischen Reichshälfte als kaiserlich-königlich, die der ungarischen als königlich-ungarisch bezeichnet. Als äußeres Zeichen der Verbindung der Dynastie mit Ungarn wurde das österreichische Herrscherpaar am 8. Juni 1867 auch in Budapest gekrönt. Kaiser Franz Joseph erhielt die Krone des hl. Stephan und führte den Titel *Kaiser von Österreich und Apostolischer König von Ungarn*. Mit diesem Zwei-in-einem-Modell war das Habsburger Reich nach 1866 keineswegs zwangsläufig zum Zusammenbruch verurteilt. Erst im frühen 20. Jahrhundert läßt sich – im Zeichen rivalisierender außenpolitischer Konzepte innerhalb der Doppelmonarchie – von einer politischen Vergreisung des Regimes und von einer wachsenden Unfähigkeit des Kaisers sprechen, den gesellschaftlichen und politischen Wandel zu begleiten sowie neue soziale Schichten oder politische Ideen des Vielvölkerreiches angemessen in dieses pluralistische Staatsgebilde zu integrieren. Am Ende seiner Regentschaft blickte Franz Joseph illusionslos in die Zukunft des Reiches.

Der Kaiser garantierte den Bestand der neuen Verfassung. Es ist nicht unwahrscheinlich, daß sich dieser oft genug herausgeforderte Anspruch der Stabilität seines persönlichen Lebensstils bis in alltägliche Umstände hinein mitteilte. Franz Joseph widersetzte sich beharrlich technischen Innovationen seiner Zeit, so zum Beispiel dem Telefon, der Benutzung der Eisenbahnen, dem Auto, dem Einbau moderner Toiletten oder des elektrischen Lichts in der Hofburg. Diesem Kaiser, Erbe von mehr als 20 Herrschertiteln, sagte man höchste Sorgfalt in der bürokratischen Verwaltung seiner Dienstgeschäfte nach, aber wenig Ideenreichtum. Unter diesen Rahmenbedingungen gedieh in den kulturellen Zentren seines Reiches – voran Prag, Wien, Laibach oder Lemberg – ein einzigartiges Milieu. Das ausgehende 19. Jahrhundert ist besonders durch die Wiener Kultur des Fin de Siècle geprägt, die ohne geplante und gezielte Förderung der Literatur und Kunst entstand. Kaffeehaus, Jugendstil und Sezession waren zu keiner Zeit die Welt des Kaisers. Sein geringes Interesse an Kunst und Wissenschaften unterschied Franz Joseph von vielen seiner Vorgänger in der Dynastie, unter denen sich begabte Komponisten, Musiker, Literaten und Maler finden.

Bemerkenswert für diesen Kaiser ist sein dynastisches Leben. Wenige Jahre nach seiner Inthronisation, am 23. Februar 1853, wurde ein Attentat auf ihn verübt, bei dem ihm buchstäblich der Uniformkragen das Leben rettete. Um die Herrschaft der Dynastie zu sichern, beschloß man rasch seine Ehe mit Elisabeth von Bayern, „Sisi", die 1854 vor dem Hintergrund der revolutionären Krise gefeiert wurde, um der Dynastie bald in neuen Erbfolgern eine Zukunftsperspektive zu geben. Seine Ehe mit Elisabeth zeichnete sich anfangs durch große Leidenschaftlichkeit aus, und es gingen vier Kindern aus ihr hervor. 1858 wurde der erste Sohn, Erzherzog Rudolf, geboren. Nicht von ungefähr tauften die Eltern den Erben auf den Namen jenes ersten Königs der Dynastie. Das Ansehen der Ahnen sollte auf Rudolf übergehen. Die Ehe bewahrte sich freilich wenig Traumhaftes, da sich das Paar bald wegen seiner recht unterschiedlichen Charakteranlagen mehr und mehr aus dem Wege ging. Die junge Kaiserin hielt sich schließlich nach Konflikten mit ihrer Schwiegermutter um Repräsentationspflichten und höfische Erziehungsformen möglichst vom Wiener Hof fern. Sie bevorzugte mit ihren Kindern das ungarische Schloß Gödöllö, wo Elisabeth neben dem Reitsport den eher unkonventionellen Umgang mit der ungarischen Adelsgesellschaft pflegte. Bald nahmen ihre Reisen und ihre künstlerischen Tätigkeiten Formen von Ersatzhandlung an, die sie für ein nicht gelebtes Leben am Hof entschädigen sollten. Augenscheinlich litt sie aber an diesem Lebensstil, erkrankte öfter und hielt sich auf der Insel Korfu, in Italien und in Deutschland zur Genesung auf. Der Kaiser seinerseits begehrte den Kontakt zu anderen Frauen am Hof und hielt sich auch über längere Zeit an seinem Lieblingsort Bad Ischl auf, wo er seiner Jagdleidenschaft intensiv frönte. Über die Jahre wandte sich Franz Joseph mehr und mehr der Burgschauspielerin Katharina Schratt zu. Diese angesehene Frau lebte schließlich als Gesellschafterin am Wiener Hof, ohne sich selbst aber jemals öffentlich über ihre Beziehung zu äußern – ein Taktgefühl, das heute weite Teile unserer Presselandschaft veröden ließe. Der Kaiser aber lebte unverhohlen diese Beziehung neben seiner Ehe.

Andererseits nutzte das Kaiserpaar offizielle Anlässe, um gemeinsam das Ansehen und die historische Größe der Dynastie neu zu inszenieren. So gedieh zum Beispiel die Silberhochzeit des Kaiserpaares (24. April 1879) mit einem prachtvollen bis sentimentalen Huldigungsumzug der Wiener Stände und Berufe zu einem historischen Schauspiel. Wenige Jahre später ließ man zum 600jährigen Herrschaftsantritt der Habsburger in Österreich (1282/1882) großartig das Jubiläum der Dynastie feiern. Ähnlich

7 Das Kaiserpaar Franz Joseph und Elisabeth („Sisi"),
zur Silberhochzeit (1879).

pompös wie folkloristisch wurden die kaiserlichen Geburtstage und Regierungsjubiläen 1898 und 1907 oder das Jubiläum des Thronfolgers Franz Ferdinand 1913 begangen. Die Monarchie fand bei diesen Anlässen eine bewußt militärisch inszenierte Darstellungsweise, die in der Öffentlichkeit begeistert aufgenommen, von vielen Zeitgenossen aber auch politisch abgelehnt wurde.

Die Kulissen waren die eine, die Tragödien der Familie die andere Geschichte. Erzherzog Maximilian, ein Bruder des Kaisers, der 1864 über den Atlantik reiste und als Kaiser von Mexiko eine neue Monarchie begründen sollte, wurde dort 1867 von Revolutionstruppen hingerichtet. Im Januar 1889 beging Kronprinz Rudolf zusammen mit Freiin Marie von Vetsera in Mayerling, einem Jagdschloß nahe Wien, Selbstmord. Jener Rudolf, seit 1880 mit Prinzessin Stephanie von Bayern verheiratet, führte – nach einigen Ehejahren – eher wieder ein Junggesellenleben. Die Lebenswelten des Paares teilten sich immer mehr: hier die mondäne Welt Stephanies, dort das von Rudolf bevorzugte Außenseitertum. Damit einher ging aber auch der Verlust der vertrauensvollen und vertraulichen Vater-Sohn-Beziehung, was zu politischen Gegensätzen zwischen ihnen führte. Rudolf sah sich zunehmend von seinem Vater zur politischen Ohnmacht verurteilt, was ihn wiederum dazu motivierte, der Presse mancherlei Hofinterna und regierungskritische Äußerungen zuzuspielen. Die Verbindung schließlich zu Marie Vetsera war für Rudolf zunächst nur eine von vielen Liaisons; aber nur diese Frau teilte seinen Todeswunsch mit ihm.

Der Hof hielt die Umstände der Mordtat zunächst verborgen, aber vergeblich. Die Szenen einer nicht gesellschaftsfähigen Lebenswirklichkeit der Familie füllten jetzt die Zeitungsspalten. Die „Affäre Mayerling" gehörte zu den spektakulärsten Skandalen der Zeit und bis heute noch ranken sich Gerüchte um dieses Ereignis. Zweifelsfrei hatte Rudolf schließlich politisch angesichts der Macht und der Herrschaftskonzeption des Vaters resigniert. Umgekehrt kommentierte dieser den Tod des Sohnes in einer kaum zu überbietenden Mißachtung: „Mein Sohn starb wie ein Schneider", was in der vom Kaiser bevorzugten Jagdterminologie einen feigen Hirsch bezeichnete.

Im Gegensatz zu seinem Vater hatte sich Rudolf mehrheitlich slawen- und ungarnfreundlich gezeigt und unter anderem Herkommen und kulturelle Vielfalt der Völker des Großreiches in einer nach ihm benannten Enzyklopädie, dem sogenannten Kronprinzenwerk, darstellen lassen. Vielleicht hätte das Haus Habsburg mit Rudolf als Herrn eine andere, erfreulichere Geschichte in diesem Vielvölkerreich spielen können.

1898 feierte Franz Joseph sein 50jähriges Herrscherjubiläum in Österreich. Noch im selben Jahr wurde die Kaiserin, die inkognito die Familie Rothschild in Genf besuchen wollte, nahe Montreux durch ein Attentat tödlich verletzt. Die Dynastie verlor in der eigenwilligen Elisabeth eine populäre Botschafterin.

In diesem Moment bot die Familie der Habsburger ein tristes Bild, war nur mehr ein Schatten einstiger Größe und vergangener Selbstsicherheit. Der Kaiser war ein alter Mann, seine Nachfolge ungeklärt, und mögliche Erbanwärter versuchten, eigene Wege zu gehen, nicht zuletzt um dem patriarchalischen Zwang des Seniors auszuweichen. Solange der Bruder des Kaisers, Erzherzog Karl Ludwig lebte, hielt Franz Joseph die Thronfolge offen. Als jener dann 1896 starb, kamen die drei Neffen des Kaisers für die Nachfolge in Frage: Franz Ferdinand, Otto und Ferdinand. Der Älteste kam zwar für die Thronfolge in Frage, aber dynastierechtlich versagte er sich dem Kaiser: Franz Ferdinand bestand auf seiner Ehe mit Sophie Gräfin Chotek, die aber nicht dem habsburgischen Hausgesetz entsprach. Nach vielen Schwierigkeiten willigte der Kaiser als Familienoberhaupt dann in eine morganatische Ehe ein, die übrigens von den wenigsten Familienmitgliedern akzeptiert wurde. Im Gegenzug freilich mußte die Gräfin und alle dieser Ehe erwachsenen Kinder Franz Ferdinands auf das Thronfolgerecht verzichten. Am Tage der Hochzeit, am 1. Juli 1898, erhob dann der Kaiser die Gemahlin Franz Ferdinands in den erblichen Fürstenstand mit dem Titel einer *Herzogin von Hohenberg*. Es war dies der Name des Geschlechts der Stammutter des Hauses Habsburg, der Gemahlin König Rudolfs I. Nur einzelne Kinder dieser Ehe erhielten nach dem Untergang der Monarchie auch eine standesgemäße Anerkennung im Hause Habsburg.

Trotz dieser formalen Lösung für Erzherzog Franz Ferdinand,

bevorzugte der Kaiser für die Thronfolge nun den jüngeren Neffen, Erzherzog Otto. Der aber starb 1906, so daß die Nachfolgefrage erneut zu entscheiden war. Da Erzherzog Ferdinand (1865–1915) auf alle Titel verzichtete, gab es für den alten Kaiser keine Alternative zu Franz Ferdinand als Thronfolger, um der Dynastie überhaupt eine Zukunft zu geben. Dabei wuchsen nun die Gegensätze zwischen ihnen über etwaige Reformmöglichkeiten der Doppelmonarchie in den kommenden Jahren. Mit dem Mordanschlag in Sarajewo am 28. Juni 1914 auf Franz Ferdinand und seine Gemahlin verloren Dynastie und Staat ihre zuletzt vorgezeichnete Linie.

Der Erste Weltkrieg brach aus. Dieser letzte Krieg der Monarchie kostete Millionen das Leben und fegte die Habsburger von ihrem Thron. Eine unverkennbare Kriegsbegeisterung in der Öffentlichkeit und der Kriegsaufruf Kaiser Franz Josephs vom Sommer 1914 „An meine Völker" überspielten freilich zu Beginn die bald aufbrechenden Nationalitätenkonflikte im Habsburger Reich. Trotz alledem war eine Nachfolge in der Monarchie zweifelsfrei gegeben. Der Kaiser mochte zwar bald erkannt haben, wie gering die Chancen für einen Fortbestand der Doppelmonarchie waren, die er schon früher als Anomalie charakterisiert hatte, aber ein rechtmäßiger Nachfolger im Kaisertum war mit Erzherzog Karl in der Dynastie vorhanden.

Der Tod des alten Kaisers am 21. November 1916 bedeutete die längst überfällige Zäsur nach einer beinahe 70jährigen Regentschaft. Als man ihn zu Grabe trug, mochte mancher Zeitgenosse vielleicht ahnen, daß dieser Szene Symbolcharakter zukam, deren Bedeutung weit über Österreichs Grenzen hinausreichte. Als sich am 30. November 1916 ein langer Trauerzug von Schönbrunn aus durch die Stadt zur Grablege der Dynastie in der Kapuzinergruft bewegte, verabschiedeten sich die Trauernden vom Kaiser und zugleich von einer ganzen Epoche.

4. Karl I.: Abdankung, Exil
und Ende der Monarchie 1918/1921

Den Untergang der österreichisch-ungarischen Doppelmonarchie beschrieb Österreichs bedeutendster Zeitkritiker – der Literat Karl Krauss – als „Ende der Menschheit". Unter einer solchen Perspektive trat Karl freilich nicht die Nachfolge im Kaisertum an. Die Dynastie bewies trotz vorausgegangener Schwächen nochmals ihre Handlungsfähigkeit, Herausforderungen anzugehen. Fraglich aber war, ob der Kaiser weiterhin in der Doppelmonarchie die erforderliche Klammerwirkung würde entfalten können.

Für eine förmliche Kaiserkrönung fehlte die Zeit, und die Umstände im Reich waren nicht ganz danach. Dennoch ließen sich Karl und seine Gemahlin, Zita von Bourbon-Parma, am 30. Dezember 1916 in Budapest die ungarischen Königszeichen anlegen. Die Doppelmonarchie sollte weiterleben. Der Kaiser suchte bei zunächst nicht aussichtsloser militärischer Gesamtlage neue außenpolitische Handlungsspielräume für sich zu gewinnen, scheiterte dabei aber bald diplomatisch in der sogenannten Sixtus-Affäre, deren Umstände ihn politisch und persönlich bloßstellten. Karl verlor an politischer Glaubwürdigkeit. Im Winter 1917/18 verschlechterte sich die innere Lage des Habsburger Reiches infolge von Streiks und militärischen Niederlagen deutlich. In Rom trat zur selben Zeit ein Kongreß der unterdrückten Völker Österreich-Ungarns mit der Forderung nach Eigenständigkeit gegen „das verräterische Haus Habsburg" auf – wie es dort hieß. Auf solche Zeichen aber reagierte der Regent nicht.

Der Anstoß zum Wandel mußte von außen kommen. Die Initiative für den Anfang vom Ende des Krieges und für den Beginn einer neuen Zukunft kam vom amerikanischen Präsidenten Thomas Woodrow Wilson, dessen Friedensproklamation im Januar 1918 einen durch Hungersnöte, Kriegstote, Meutereien und Revolution in Gang gebrachten Übergang zur Beendigung des Krieges in Europa beschleunigte. Ende Oktober des Jahres bildete sich in Wien die provisorische Nationalversammlung für Deutschösterreich, nachdem der Kaiser eine Neugestaltung

8 Österreichisch-Ungarisches Staatswappen mit den Ländern.

Österreichs angekündigt hatte. In Prag proklamierte man die
Tschechoslowakische Republik, in Agram das Königreich der
Serben, Kroaten und Slowenen, Herzegowina schloß sich
Rumänien an und Ungarn rief die Unabhängigkeit von Österreich aus. Am 3. November unterwarf sich Österreich in Padua
den Waffenstillstandsbedingungen der Siegermächte, woraufhin –
so formulierte es Karl Krauss treffend – die „staatlichen Kriegs-
kartenhäuser" der Habsburger unversehens zusammenbrachen.
Am 12. November rief man in Wien die Republik aus, ein Da-
tum, das sich als Nationalfeiertag später einbürgern sollte. Am
Tag zuvor hatte der Kaiser eine Verzichtserklärung abgegeben,
in der es wörtlich heißt: „Im voraus erkenne ich die Entscheidung an, die Deutschösterreich über seine künftige Staatsform
trifft. Das Volk hat durch seine Vertreter die Regierung über-

108

nommen. Ich verzichte auf jeden Anteil an den Staatsgeschäften." In weniger als drei Wochen war die Habsburger Monarchie untergegangen, trennten sich ihre Nationen und suchte eine jede für sich neue politische Wege.

Karl hielt aber prinzipiell durchaus an seinen Rechten als Souverän fest. Jeden förmlichen Rücktritt lehnte er ab. Folglich blieben in den verschiedenen politischen Lagern Zweifel über seine tatsächlichen Pläne. Um eindeutige Verhältnisse für die Zukunft der Republik zu schaffen, diktierte ihm die Nationalversammlung die Alternative: Internierung oder Exil in der Schweiz. Im März 1919 mußte Karl mit seiner Familie Österreich verlassen. Daraufhin änderte man am 21. Oktober mit Verweis auf die im Staatsvertrag von Saint-Germain festgestellten Grenzen den bisherigen Staatsnamen in *Republik Österreich*.

In Ungarn zog sich der Sturz der Habsburger zwei Jahre länger hin. Hier verloren die Habsburger durch das Gesetz vom 6. November 1921 – unter ausdrücklicher Aberkennung der in der *Pragmatischen Sanction* von 1713 definierten Erbfolge – den Thron. Karls anschließender Versuch, in Ungarn das Königtum zurückzugewinnen, wurde für die Siegermächte dann zum Anlaß, den ehemaligen Kaiser und König in ein entlegeneres Exil auf die unter englischem Mandat stehende Insel Madeira zu führen. Dort starb Karl am 1. April 1922 und wurde dort auch begraben.

Das große Habsburger Reich, einst ein Weltreich, ein Vielvölkerreich, war in seiner übernationalen Gestalt Vergangenheit geworden. Allein das Haus Habsburg-Lothringen trat, begleitet vom Mythos einer außergewöhnlichen Dynastie, in die neue Zeit ein.

Nachwort

Zum Ende seiner vor wenigen Jahren zuerst in Frankreich erschienenen „Geschichte des Habsburgerreiches" bilanziert Jean Bérenger: „Das 1918 aufgeworfene Problem ist im Jahre 1990 noch immer nicht zufriedenstellend gelöst". Der Autor hatte die neuen und überaus gewaltträchtigen Konflikte und Kriege der Völker auf dem Balkan vor Augen, woraus er schlußfolgerte, es sei ein Fehler der damaligen Siegermächte gewesen, die Donaumonarchie völlig zu zerstören. Ein solches Urteil ist heute – im postnationalen Zeitalter – nicht selten zu lesen oder zu hören, womit die Dynastie als historisches Muster transnationaler Vernetzungen bemüht wird. Das Modell Habsburg, das Vielvölkerreich, der übernationale Staatenbund, scheint für den politisch und ethnisch heterogenen Teil Südost- und Mitteleuropas eine gewisse Faszination zu besitzen, wohl aufgrund der Dauerhaftigkeit und Stabilität der staatlichen Strukturen. Ob dieser Aspekt der Vergangenheit, der für das jahrhundertealte Habsburger Reich und seine Dynastie einst charakteristisch war, auch Zukunftsfähigkeit besitzt, scheint in dem Augenblick fraglich, da man die Monarchie nicht allein in ihrer Funktion als Friedensordnung begreift, sondern in ihr auch den „Völkerkerker" erkennt, den sie unbestreitbar darstellte.

So weisen denn die Schlußfolgerungen aus den voranstehenden Kapiteln der Geschichte der Habsburger und ihrer Reiche heute in eine andere Richtung. Nach Jahrzehnten des Vergessens und Nichtwissens wird man die „Entdeckung" der mittel- und ostmitteleuropäischen Geschichte in den nationalen und transnationalen Beziehungen Europas stärker beachten müssen, wenn man im neuen Europa gemeinsam ankommen will. Folglich darf das politische Schlagwort von der „Entbalkanisierung" in der Diskussion um die Neuordnung des Balkans nicht vorschnell mit einer ‚Rehabsburgisierung' gleichgesetzt werden, wenn Vielheit in Einheit das verantwortete Ziel sein soll.

Das Haus Habsburg hat als eines der ältesten europäischen Adelsgeschlechter mit familiären Bindungen weit über die eigenen Reichsgrenzen hinaus – sozusagen als „Dynastie überall" – europäische Geschichte in übernationalen wie in nationalen und regionalen Konturen vorgeprägt und mitgestaltet. Die Habsburger sind einen Weg der Staatsbildung nach alteuropäischem Muster gegangen, allerdings in zweifacher Weise, da sie zunächst das Alte Reich zusammenhielten und anschließend den österreichischen Kaiserstaat schufen. Keine andere europäische Dynastie kann eine vergleichbare Leistungsbilanz vorweisen. Von daher ist diese Dynastie und ihr Wirken mit der Geschichte keiner Nation uneingeschränkt zu identifizieren, aber gleichwohl in der Geschichte der betreffenden Einzelstaaten stets zu würdigen.

Dynastien besitzen selbst in den gegenwärtigen, modernen Verfassungen europäischer Staaten beachtliche politische Funktionen. Sie liefern in ihren aus ferner Vergangenheit herrührenden Zeichen und repräsentativen Handlungsformen den modernen Gemeinwesen und ihren Bürgern – jenseits unbestrittener Traditionsbrüche – Möglichkeiten zur überpersönlichen Integration. Eine faszinierende Situation. Ein weitsichtiger Feuilletonist der *Frankfurter Allgemeinen Zeitung* hat unlängst vor diesem Hintergrund die eigenständige Bedeutung der europäischen Königshäuser im supranationalen Vereinigungsprozeß der Europäischen Union angemerkt. Der Gedanke hat etwas für sich: Die Königshäuser transportieren in ihrer Geschichte und in ihren eigenen Rechten ein Stück jeweils nationaler Identität in die weitere europäische Zukunft. Ein Europa aller Nationen lebenswert zu gestalten, wird leichter fallen und besser gelingen, wenn diese Dynastien mitwirken – so möchte man dem Publizisten beipflichten. Für die Habsburger, die nur das „alte" Europa mitgeprägt haben, gilt das nicht. Sie sind am neuen Europa nurmehr beteiligt mit dem Nimbus vergangener Kaiserreiche und dem Mythos der Dynastie.

Zeittafel

1697	Rückfall Siebenbürgens
01. 11. 1700	Tod des letzten spanischen Habsburgers Karl II.
1701–1714	Spanischer Erbfolgekrieg
19. 04. 1713	Pragmatische Sanktion sichert die Thronfolge in weiblicher Linie
1717	Prinz Eugen von Savoyen erobert Belgrad
12. 02. 1736	Trauung Maria Theresias mit Franz Stephan von Lothringen
20. 10. 1740	Tod Karls VI.: mit ihm erlischt der habsburgische Mannesstamm
1740–1748	Österreichischer Erbfolgekrieg
13. 03. 1741	Joseph I. geboren, Begründer des Hauses Habsburg-Lothringen
12. 05. 1743	Maria Theresia wird böhmische Königin
13. 09. 1745	Kaiserwahl Franz I. Stephans
1749	Beginn der großen Staatsreformen im Habsburgerreich
29. 11. 1780	Tod Maria Theresias in Wien
1789	Offener Aufstand in den Niederlanden; Französische Revolution
20. 09. 1790	Leopold II. wird Kaiser
14. 07. 1792	Kaiserkrönung Fanz II.
16. 10. 1793	Hinrichtung Marie Antoinettes in Paris
25. 02. 1803	Reichsdeputationshauptschluß
10. 08. 1804	Franz II. nimmt den Titel „Kaiser von Österreich" an
06. 08. 1806	Franz II. legt die römische Kaiserkrone nieder
09. 10. 1809	Metternich wird Leiter der österreichischen Außenpolitik
02. 04. 1810	Napoleon heiratet Marie Louise von Österreich
1814/15	Wiener Kongreß
26. 09. 1815	Heilige Allianz zwischen Österreich, Rußland und Preußen
02. 03. 1835	Tod Franz II., Kaiser Ferdinand I. wird sein Nachfolger
03. 1848	Beginn der Revolution in Wien, Budapest und Mailand
02. 12. 1848	Abdankung Ferdinands I., Franz Joseph I. wird Kaiser
08. 06. 1866	Krönung Franz Josephs und seiner Gemahlin in Ungarn
03. 07. 1866	Schlacht bei Königgrätz
24. 04. 1879	Silberne Hochzeit Franz Josephs und seiner Gemahlin Elisabeth
30. 01. 1889	Kronprinz Rudolf begeht mit Mary Vetsera in Mayerling Selbstmord
10. 09. 1898	Kaiserin Elisabeth, „Sisi", wird ermordet
28. 06. 1914	Ermordung des Thronfolgerpaares in Sarajewo
1914–1918	Erster Weltkrieg
21. 11. 1916	Kaiser Franz Joseph stirbt in Wien; Karl I. wird Kaiser
11. 11. 1918	Regentschaftsverzicht Kaiser Karls I.; Ende der Donaumonarchie
03. 04. 1919	Aufhebung der habsburgischen Herrschaftsrechte in Österreich

23. 05. 1919	Karl und seine Familie verlassen Österreich ins Exil
21. 10. 1919	Begründung der Republik Österreich, vormals Deutschösterreich
06. 11. 1921	Aufhebung der habsburgischen Thronrechte in Ungarn
01. 04. 1922	Karl stirbt im Exil auf Madeira und wird dort begraben
01. 04. 1989	Begräbnis der letzten Kaiserin Zita in der Wiener Kapuzinergruft

Habsburgische Regenten
und österreichisch-spanische Linien
(in Auswahl)

Haus Habsburg

Rudolf I.	(1218–1291) (römischer König)
Albrecht I.	(1282–1308) (römischer König)
Friedrich III.	(1308–1330) (Gegenkönig)
Albrecht II.	(1330–1358)
Rudolf IV.	(1358–1365)

	Österreichische Linie
Albrecht III.	(1365–1395)
Albrecht IV.	(1395–1404)
Albrecht V.	(1404–1439) (römischer König; König v. Böhmen und Ungarn)
	Erlöschen der männlichen Linie

	Tiroler Linie
Leopold III.	(1365–1396)
Friedrich IV.	(1407–1439)
Sigismund	(1439–1496)
	Erlöschen der männlichen Linie

	Steierische Linie
Ernst	(1386–1424)
Friedrich III.	(1424–1493) (Kaiser)
Maximilian I.	(1493–1519) (Kaiser)
Karl V.	(1519–1558) (Kaiser)
	Teilung in eine österreichische und spanische Linie

	Österreichische Linie
Ferdinand I.	(1521–1564) (Kaiser)
	Teilung

	Österreichische Linie
Maximilian II.	(1564–1576) (Kaiser)
Rudolf II.	(1576–1612) (Kaiser)
Matthias	(1612–1619) (Kaiser)
	Erlöschen der männlichen Linie

	Tiroler Linie
Ferdinand IV.	(1564–1595)
	Keine erbberechtigten Nachfolger

	Steierische Linie
Karl II.	(1564–1590)
Ferdinand II.	(1590–1637) (Kaiser)
	Teilung

	Tiroler Linie
Leopold II.	(1625–1633)
Ferdinand IV.	(1633–1662)
Sigismund II.	(1662–1665)
	Erlöschen der männlichen Linie

	Steierische Linie
Ferdinand III.	(1637–1657) (Kaiser)
Leopold I.	(1637–1705) (Kaiser)
Joseph I.	(1705–1711) (Kaiser)
Karl VI.	(1711–1740) (Kaiser)
	Erlöschen der männlichen Linie

Haus Habsburg-Lothringen

Maria Theresia	(1740–1780) (Königin von Böhmen und Ungarn)
Franz I. Stephan	(1745–1765) (Kaiser)
Joseph II.	(1780–1790) (Kaiser)
Leopold II.	(1790–1792) (Kaiser)
Franz II. (Franz I.)	(1792–1835) (Kaiser; seit 1804 Erbkaiser von Österreich)
Ferdinand I.	(1835–1848) (österreichischer Kaiser)
Franz Joseph I.	(1848–1916) (österreichischer Kaiser, König von Ungarn)
Karl I. (Karl IV.)	(1916–1918) (österreichischer Kaiser, König von Ungarn)

Literatur

1. Dynastiegeschichte, übergreifend

H. Andics, Die Frauen der Habsburger, Wien 1985.

I. Barta, Familienporträts der Habsburger. Dynastische Repräsentation im Zeitalter der Aufklärung, Wien 1999.

W. L. Bernecker (Hg.), Die spanischen Könige. Vom Mittelalter bis zur Gegenwart, München 1997.

M. Erbe, Die Habsburger (1493–1918). Eine Dynastie im Reich und in Europa, Stuttgart 2000.

F. Gall, Österreichische Wappenkunde, Wien 1992.

S.-M. Gößling, Amor im Hause Habsburg, Wien 1990.

I. Gonda, Die Habsburger. Ein europäisches Phänomen, Wien 1983.

B. Hamann (Hg.), Die Habsburger. Ein biographisches Lexikon, Wien 1988.

Th. Leitner, Habsburgs verkaufte Töchter, Wien 1987.

A. Lhotsky, Das Zeitalter des Hauses Österreich, Wien 1971.

J.-M. Moeglin, Dynastisches Bewußtsein und Geschichtsschreibung. Zum Selbstverständnis der Wittelsbacher, Habsburger und Hohenzollern im Spätmittelalter, München 1993.

Portraitgalerie zur Geschichte Österreichs. Kunsthistorisches Museum Wien, Wien 1976.

R. Reifenscheid, Die Habsburger in Lebensbildern. Von Rudolf I. bis Karl I., Graz u. a. 1982.

B. Sokopp, Stammtafeln europäischer Herrscherhäuser, Wien 1993.

B. Vacha (Hg.), Die Habsburger. Eine europäische Familiengeschichte, Wien 1992.

K. Vocelka u. L. Heller, Die Lebenswelt der Habsburger. Kultur- und Mentalitätsgeschichte einer Familie, Graz 1997.

K. Vocelka u. L. Heller, Die private Welt der Habsburger. Leben und Alltag einer Familie, Graz 1998.

A. Wandruszka, Das Haus Habsburg. Die Geschichte einer europäischen Dynastie, Stuttgart 1956 (Neuausgabe Wien u. a. 1978).

W. E. J. Weber (Hg.), Der Fürst. Ideen und Wirklichkeiten in der europäischen Geschichte, Köln 1998.

F. Weissensteiner, Große Herrscher des Hauses Habsburg. 700 Jahre europäische Geschichte, München 1995.

2. Politik- und Kulturgeschichte, übergreifend

K. O. v. Aretin, Das Alte Reich, Bd. 1 ff., Stuttgart 1993 ff.

E. Atil, The Age of Sultan Süleyman the Magnificent, Washington 1987.

J. Bérenger, Die Geschichte des Habsburgerreiches 1273–1918, Berlin 1995.

W. Brauneder u. L. Höbelt (Hg.), Sacrum Imperium. Das Reich und Österreich 996–1806, Wien 1996.

W. Brauneder u. F. Lachmeyer, Österreichische Verfassungsgeschichte, Wien 1976.

E. Bruckmüller, Sozialgeschichte Österreichs, Wien u. München 1985.

H. Duchhardt, Altes Reich und europäische Staatenwelt, München 1990.

H. Duchhardt, Deutsche Verfassungsgeschichte 1495–1806, Stuttgart 1991.

W. Eberhard u. a. (Hg.), Böhmen und Mähren, Stuttgart 1998.

J. H. Elliot, Spain and it´s World 1500–1700, London 1989.

M. Flacke (Hg.), Mythen der Nationen. Ein europäisches Panorama, München u. a. 1998.

Im Lichte des Halbmonds. Das Abendland und der türkische Orient. Ausstellungskatalog Leipzig 1995.

R. A. Kann u. F. E. Prinz (Hg.), Deutschland und Österreich. Ein bilaterales Geschichtsbuch, Wien u. München 1980.

M. Kramp (Hg.), Krönungen. Könige in Aachen. Geschichte und Mythos, Mainz 2000.

J. Kunisch (Hg.), Der dynastische Fürstenstaat, Berlin 1982.

E. Lein, Begräbnisstätten der Alt-Habsburger in Österreich von Rudolf I. bis Karl VI., Wien 1978.

M. P. J. Martens (Hg.), Brugge en de Renaissance, 2 Bde., Ausstellungskatalog Gent 1998.

J. Matuz, Das Osmanische Reich. Grundlinien seiner Geschichte, Darmstadt 1985.

Österreich im Europa der Aufklärung. Kontinuität und Zäsur in Europa zur Zeit Maria Theresias und Josephs II., 2 Bde., Wien 1985.

Die österreichisch-ungarische Monarchie in Wort und Bild. Aus dem „Kronprinzenwerk" von Erzherzog Rudolf, ausgew. v. Ch. Zintzen, Wien u. a. 1999.

Reichskleinodien. Herrschaftszeichen des Heiligen Römischen Reiches, Göppingen 1997.

K. Repgen, Dreißigjähriger Krieg und Westfälischer Frieden, Paderborn 1998.

H. Schilling, Aufbruch und Krise. Deutschland 1517–1648, Berlin 1988.

A. Schindling (Hg.), Die Kaiser der Neuzeit 1519–1918. Heiliges Römisches Reich, Österreich, Deutschland, München 1990.

K. Sotriffer (Hg.), Das größere Österreich. Geistiges und soziales Leben von 1880 bis zur Gegenwart, Wien 1982.

R. Staats, Die Reichskrone, Göttingen 1991.

B. Stollberg-Rillinger, Europa im Jahrhundert der Aufklärung, Leipzig 1999.

F. Walter, Österreichische Verfassungs- und Verwaltungsgeschichte von 1500–1955, Wien 1972.

M. H. van de Water, Die Kapuzinergruft, Wien 1987.

Welt des Barock. Ausstellungskatalog St. Florian, 2 Bde., Linz 1986.

J. Wodka, Kirche in Österreich, Wien 1959.

G. G. Wolf, Die Wiener Reichskrone, Wien 1995.

H. Wolfram u. W. Pohl (Hg.), Probleme der Geschichte Österreichs und ihrer Darstellung, Wien 1991.

E. Zöllner, Der Österreichbegriff – Formen und Wandlungen in der Geschichte, Wien 1988.

3. Haus- und epochenspezifische Literatur

Mittelalter

D. Berg, Deutschland und seine Nachbarn 1200–1500, München 1997.

W. Baum, Die Habsburger in den Vorlanden, 1386–1486, Wien 1993.

E. Boshoff u. F.-R. Erkens (Hg.), Rudolf von Habsburg 1273–1291. Eine Königsherrschaft zwischen Tradition und Wandel, Köln 1993.

Matthias Corvinus und die Renaissance in Ungarn 1458–1541, Wien 1982.

E. Engel u. E. Holtz (Hg.), Deutsche Könige und Kaiser des Mittelalters, Köln u. Wien 1989.

P.-J. Heinig, Kaiser Friedrich III. (1440–1493). Hof, Regierung und Politik, 3 Bde., Köln 1993.

G. Hödl, Habsburg und Österreich 1273–1493. Gestalten und Gestalt des österreichischen Spätmittelalters, Wien 1988.

1495 Kaiser, Reich und Reform. Der Reichstags von Worms, Wiesbaden 1995.

K. F. Krieger, Die Habsburger im Mittelalter, Stuttgart 1994.

P. Moraw, Von offener Verfassung zu gestalteter Verdichtung. Das Reich im späten Mittelalter 1250–1490, Berlin 1985.

J. D. Müller, Gedechtnus. Literatur und Hofgesellschaft um Maximilian I., München 1982.

W. Paravicini (Hg.), Fürstliche Residenzen im spätmittelalterlichen Europa, Sigmaringen 1991.

H. K. Schulze, Grundstrukturen der Verfassung im Mittelalter, Bd.3: Kaiser und Reich, Stuttgart 1998.

H. Wiesflecker, Maximilian I. Das Reich, Österreich und Europa an der Wende zur Neuzeit, 5 Bde., Wien 1971–86.

Frühe Neuzeit

Adel im Wandel. Politik, Kultur, Konfession 1500–1700, Ausstellungskatalog Wien 1990.

K. Bussmann u. H. Schilling (Hg.), 1648. Krieg und Frieden in Europa. Katalog zur 26. Europaratsausstellung, Münster 1998.

E. Crankshaw, Maria Theresia. Die mütterliche Majestät, Wien u. a. 1979.

R. de Dijn, Des Kaisers Frauen. Eine Reise mit Karl V. über Flandern und Deutschland bis in die Estremadura, Stuttgart 1999.

119

De Habsburgers en Mecheln, Europalia 1987, Ausstellungskatalog Mecheln 1987.

F. Edelmayer u. A. Kohler (Hg.), Kaiser Maximilian II., Kultur und Politik, München 1992.

R. J. W. Evans, Das Werden der Habsburgermonarchie 1550–1700. Gesellschaft, Kultur, Institutionen, Wien 1986.

L. Fischer, Schattenwürfe in die Zukunft. Kaiserin Elisabeth und die Frauen ihrer Zeit, Wien 1998.

K. Gutkas (Hg.), Prinz Eugen und das barocke Österreich, Salzburg 1985.

Ch. W. Ingro, Josef I. Der vergessene Kaiser, Graz 1982.

Kaiser Karl V. (1500–1558). Macht und Ohnmacht in Europa, Ausstellungskatalog Bonn 2000.

R. A. Kann, Geschichte des Habsburgerreiches 1526–1918, Wien 1977.

A. Kohler, Karl V. 1500–1558, München 1999.

A. Kohler (Hg.), Hispania–Austria, München 1993.

A. Kohler, Das Reich im Kampf um die Hegemonie in Europa 1521–1648, München 1990.

H. Lutz, Zwischen Habsburg und Preußen. Deutschland 1815–1866, Berlin 1985.

J. Lynch, Spain 1516–1598. From Nation State to World Empire, Oxford 1991.

Österreich zur Zeit Kaiser Josephs II., Ausstellungskatalog Melk, Wien 1980.

G. Parker, Der Aufstand der Niederlande. Von der Herrschaft der Spanier bis zur Gründung der Niederländischen Republik 1549–1609, München 1979.

S. Perrig (Hg.), „Aus mütterlicher Wohlmeinung." Kaiserin Maria Theresia und ihre Kinder. Eine Korrespondenz, Weimar 1999.

Prag um 1600. Kunst und Kultur am Hofe Kaiser Rudolfs II., Ausstellungskatalog Wien, 2 Bde., Freren 1980.

B. Rill, Karl VI. Habsburg als barocke Großmacht, Graz 1992.

R. Zedinger, Hochzeit im Brennpunkt der Mächte. Franz Stephan von Lothringhen und Erzherzogin Maria Theresia, Wien 1994.

U. Tamussino, Margarete von Österreich. Diplomatin der Renaissance, Graz u. a. 1995.

K. Vocelka, Rudolf II. und seine Zeit, Wien 1985.

A. Weigl (Hg.), Wien im Dreißigjährigen Krieg, Wien 2000.

19./20. Jahrhundert

W. Brauneder, Deutsch-Österreich 1918, Wien 2000.

P. Broucek, Karl I. (IV.). Der politische Weg des letzten Herrschers der Donaumonarchie, Wien 1997.

P. Csendes (Hg.), Österreich 1790–1848. Das Tagebuch einer Epoche, Wien 1987.

E. Durschmied, Der Untergang großer Dynastien, Wien 2000.

J. Galántai, Der österreichisch-ungarische Dualismus, 1867–1918, Budapest 1990.

B. Hamann, Elisabeth. Kaiserin wider Willen, Wien 1992.

G. Holler, Franz Ferdinand von Österreich-Este, Wien 1982.

H. Lengauer u. P. H. Kucher (Hg.), Bewegung im Reich der Immobilität. Revolutionen in der Habsburgermonarchie, Wien 2001.

E. Straub, Drei letzte Kaiser. Der Untergang der großen europäischen Dynastien, Berlin 1998.

Abbildungsnachweis

1 Österreichische Nationalbibliothek, Wien

2 Kunsthistorisches Museum, Wien

3 Propyläen Geschichte Europas. Anspruch auf Mündigkeit. 1400–1555, Band 1, Frankfurt am Main 1975, S. 406f. © Econ Ullstein List, München.

4 F. Weissensteiner, Große Herrscher des Hauses Habsburg, München 1995, S. 198. © Piper Verlag GmbH, München 1995.

5 Österreichische Nationalbibliothek, Wien.

6 P. S. Fichtner, Ferdinand I., Graz 1986, Vorsatz. © Verlag Styria, Graz.

7 B. Vacha (Hg.), Die Habsburger, Graz 1992, S. 415. © Verlag Styria, Graz.

8 Ebenda, S. 430. © Verlag Styria, Graz.

Namens- und Ortsregister

Da die geographischen Bezeichnungen Spanien, Ungarn, Österreich und Wien sehr häufig im Text vorkommen, wurde auf ihre Aufnahme ins Register verzichtet.